AF314809

DES EAUX DE NIMES

ET

DE L'AQUEDUC ROMAIN DU GARD.

TOME SECOND.

QUATRIÈME PARTIE.

MARCHE ADMINISTRATIVE

DE LA

QUESTION DES EAUX

DE NIMES,

Par M. le Docteur
JULES TEISSIER-ROLLAND,

Membre de plusieurs Sociétés savantes.

TOME SECOND. — QUATRIÈME PARTIE.

NIMES.

TYPOGRAPHIE BALLIVET ET FABRE,
RUE DE L'HOTEL DE VILLE, 44.

1848.

HISTOIRE

DES

EAUX DE NIMES

ET DE L'AQUEDUC ROMAIN

DU GARD.

INTRODUCTION.

ATELIERS UTILES DE TRAVAIL POUR LA VILLE DE NIMES.

Civibus quærenda sunt utilia.

I.

Au moment où la brochure que je viens de distribuer était encore sous presse (1), une révolution s'accomplissait à Paris; la royauté s'écroulait sans défense, et, dans la France entière, la République était proclamée sans hésitation. Cet événement, dont nul ne peut prévoir les conséquences dernières, modifiera profondément les idées et la constitution des peuples.

(1) La septième de mon ouvrage sur les *Eaux de Nimes.*

Chaque position sociale impose des devoirs nouveaux.

Quand la *fabrique* de Nimes marche avec activité; — quand, par un travail sédentaire et en rapport avec ses habitudes, l'ouvrier peut gagner ce qui est nécessaire à ses besoins et à ceux de sa famille; — alors la ville, libre dans l'emploi de ses revenus, s'occupe d'embellissemens, d'objets d'art, de monumens d'architecture.

Mais quand les transactions commerciales sont suspendues, quand la fabrication est arrêtée, et que l'ouvrier, même le plus moral et le plus laborieux, ne peut trouver l'emploi utile de son temps et de sa bonne volonté, la cité lui vient en aide en ouvrant des chantiers où il reçoit le salaire d'un travail exceptionnel, qu'il doit consciencieusement accomplir.

Malheureusement, des difficultés se présentent de toutes parts.

L'homme de la *fabrique*, sorti de sa spécialité, ne peut être employé à des constructions qui exigent une éducation professionnelle; il ne peut faire que de simples transports de terre ou de matériaux, des déblais ou des remblais, et la plupart des choses utiles se trouvent ainsi hors de la sphère des ateliers de secours.

Il y a plus, ces ouvriers, accoutumés à la vie sédentaire et d'intérieur, à certaines attitudes aux-

quelles leur constitution s'est presque identifiée,
manquent de force et d'adresse relative, ils sont
trop sensibles aux influences atmosphériques et ne
sauraient faire autant d'ouvrage que l'homme ro-
buste de la campagne.

D'autre part, il est bien rare que des travaux de
déblai et de remblai, que de simples terrassemens
puissent avoir pour une ville des avantages qui
compensent les sacrifices qu'elle s'impose en temps
de crise commerciale. On élargit des boulevarts,
on ouvre des promenades, choses qui plus tard
auront sans doute leur prix, mais n'est-ce pas un
placement bien stérile au temps de véritable pénurie, dans ces circonstances où les nations ont
besoin que toute force soit agissante, que toute valeur devienne productive?

Quel serait pour Nimes le meilleur emploi des
ouvriers à secourir? Telle est l'importante question
sur laquelle je vais hasarder quelques idées.

Je crois qu'il faudrait diviser en deux classes les
personnes qui réclament du travail : — Dans la
première, on placerait les vieillards, les femmes,
les enfans, les individus les plus débiles ; — dans
la seconde, les sujets jeunes et vigoureux.

La première catégorie devrait être rappelée à
ses travaux accoutumés, aux opérations séden-
taires de la *fabrique :* et la chose ne me semble pas
impossible.

Il est vrai que, sur notre place, les commandes n'arrivent plus, qu'il y a déjà encombrement de produits, et que la soie est une matière trop coûteuse pour que le fabricant l'achète à tous risques, et la transforme en marchandises dont la mode est passagère et dont le débit n'est pas assuré.

L'objection me paraît fondée ; mais les dépôts ne sont-ils pas surchargés aussi de coton, matière à très-bas prix, que les ouvriers du pays manient aussi bien que la soie et dont on peut faire des objets d'une consommation certaine, avec les métiers qui servent à la confection des *articles de Nimes* ?

Quelques sacrifices de la ville devraient, sans doute, soutenir cette fabrication; mais on écoulerait ainsi une matière première déjà travaillée en France; les ouvriers seraient employés suivant leurs forces, leurs habitudes, leurs traditions; ils conserveraient leur habileté spéciale ; quand la fabrique nimoise reprendrait son ancienne activité on les retrouverait à leur poste, et, en attendant, ils produiraient de grosses toiles de coton nécessaires, par masses considérables, aux hôpitaux, à l'armée, à la consommation du peuple lui-même.

La ville de Nimes perdra sur cette entreprise, car, pour que les fabricans s'y livrent, il faudra sans doute leur accorder une prime considérable ; mais quand elle serait de 25 pour cent, on ferait encore

une chose avantageuse , car on perd trois fois
autant à employer à des terrassemens une population débile et qui n'a pas l'habitude de pareils
travaux.

Quant aux hommes jeunes et robustes, qui font
au moins le quart du personnel des ateliers , ceux-
là peuvent rendre des services réels à la chose publique. Petit à petit ils s'adapteront à un travail
nouveau qui deviendra ainsi ce qu'il doit être ; —
il ne s'agit donc que de trouver un chantier où
ils emploient utilement leurs forces et leur intelligence ; — un chantier où la ville ne jette pas ses
fonds en pure perte.

II.

Aux derniers jours du gouvernement tombé , la
ville avait traité avec une compagnie formée dans
son sein pour l'exécution de mon projet de restauration partielle de l'aqueduc antique, afin d'amener
huit cents pouces d'eau. Les conditions de ce traité
étaient alors réalisables , parce que Nimes pouvait
puiser à des ressources qui ne sont plus disponibles
aujourd'hui , parce qu'on se serait facilement pro-
curé , par un emprunt, la somme nécessaire.

Les moyens proposés manquant tous maintenant,
on peut considérer le traité fait avec la compagnie
nimoise comme virtuellement abrogé par le motif
le plus puissant. l'impossibilité d'exécution. la ville

ne pouvant avoir deux millions et demi à donner dans les délais fixés.

Mais, si le forfait est devenu impossible, la cité ne peut-elle pas exécuter elle-même, directement peu-à-peu, suivant l'importance de ses ressources et suivant le nombre de travailleurs qu'il faut qu'elle introduise dans ses ateliers pendant la stagnation des affaires commerciales ?

Le second problème que nous nous sommes posé, c'est de trouver un chantier *utile* pour employer *d'une manière productive* l'intelligence et les efforts des ouvriers jeunes et valides.

À Nimes, cet atelier est, de droit, la *restauration de l'aqueduc romain*, car quelle entreprise serait plus urgente et plus fructueuse pour la cité ? —Ces deux motifs n'ont plus besoin de preuves; on les trouvera dans tous mes écrits : elles ont été sanctionnées par l'assentiment public et par celui de l'autorité... Employer ailleurs les ressources municipales c'est les perdre ou les amoindrir, quand, au contraire, sur la restauration de l'aqueduc, on peut en faire le placement le plus avantageux.

L'eau n'est-elle pas le premier besoin de Nimes ? n'y aura-t elle pas une valeur inestimable au point de vue de l'agrément, de la propreté, de la salubrité, de l'industrie?

Aucun de ces faits n'est contesté.

Mais si l'on accorde le principal, on se rejettera peut-être sur les accessoires ; on dira :

« Nos ouvriers, simples terrassiers, sont hors » d'état d'accomplir une construction si délicate ;

» Exécutée par les ateliers de secours, la res- » tauration de l'aqueduc ne se terminera jamais ;

« On ne peut employer des ouvriers et dépenser » de l'argent pour un projet sur lequel le gouver- » ment n'a pas encore prononcé..... »

Aucune de ces trois objections ne me parait fondée.

1º La première chose à faire sur l'aqueduc, c'est de le découvrir d'un bout à l'autre, puis de le déblayer intérieurement. De simples terrassiers peuvent suffire pour ces deux opérations où il s'agit de transporter plus de 120,000 mètres cubes de de terre ou de pierraille à cinq ou six mètres de distance.

Une fois l'aqueduc découvert et déblayé, l'on se convaincra qu'il manque pour son rétablissement une énorme quantité de pierres, car, pendant plu- sieurs siècles, les églises, les monastères, les vil- lages, les propriétaires voisins ont considéré l'œuvre romaine comme une carrière précieuse de maté- riaux tout appareillés ; l'ouvrage ne manquera donc pas quand il faudra extraire des collines limitrophes des pierres de remplacement et les porter à pied d'œuvre.

Des maçons seront sans doute nécessaires pour bâtir ; mais, comme les constructions privées se ralentissent en même temps que le commerce, ils s'offriront de tous côtés ; d'ailleurs, le nombre des manouvriers employés à les servir sera toujours plus considérable que le leur.

Le canal nettoyé et rétabli, nouveau remaniement de terre pour l'enfouir.....

2° La restauration de l'aqueduc sera-t-elle en réalité trop longue, exécutée par les ateliers de secours ?

La durée du travail sera nécessairement proportionnée à l'argent qu'on y pourra dépenser, et, quel que soit le mode qu'on adopte, la question financière sera la seule cause réelle de lenteur.

On dépensera ce qu'on *devra*, ce qu'on *pourra* dépenser ; l'important pour la ville, c'est qu'on ne dépense pas en pure perte, et que de ses sacrifices il vienne quelque chose d'utile, de *productif.* Or, la restauration de l'aqueduc peut seule avoir ce résultat, et les fruits n'en sont pas aussi éloignés qu'on le pense.

L'entreprise totale devant coûter deux millions et demi, il faudrait dix ans pour achever l'œuvre, en y consacrant chaque fois 250,000 fr. ; — supposons qu'il faille quinze années avec les ateliers de secours. Mais, dans mon système, il n'est pas indispensable que l'entreprise soit terminée pour en tirer quelque profit, et mon projet général, on le sait, peut heureusement se scinder en plusieurs fractions distinctes, échelonnées, concordantes et successivement productives.

Délivré des entraves de l'exécution à forfait, je retrouve, dans l'exécution par la ville, tous les avantages d'une liberté féconde (1) : — On dépense ce qu'on veut, — on s'arrête, on reprend quand on le juge convenable ; — un chantier bienfaisant est toujours ouvert ; — on prend sans empêchement le parti le plus utile, la direction la plus avantageuse ; — on ne néglige rien ; — enfin, on peut aller jusqu'au Fouze, — ou jusqu'à Bezouce, — ou jusqu'à Lognac, — ou jusqu'à Lafoux, — ou jusqu'au Pont-du-Gard, sans que rien force à dépasser les ressources dont on dispose ; et chaque fois qu'une fraction des travaux est réalisée, on obtient un produit, tout en se rapprochant, sans compromettre l'avenir, du but définitif de l'entreprise.

Je puis me dispenser de développer ce système *des petites entreprises successives et productives, en rapport avec les ressources municipales, sans anticipations, sans emprunts, amenant ainsi de la manière la plus utile et la plus économique à la réalisation com-*

(1) *Voyez* mon ouvrage *Sur les Eaux*, tome II p. 273 à 289 — p. 499 à 503

plète d'une œuvre admirable ; tel fut l'esprit et le but de tous mes écrits, et ce n'est, on le sait bien, que contre mes convictions et mon gré que le système contraire a momentanément prévalu (1).

3° Le projet n'étant pas encore régulièrement approuvé, peut-on y mettre, d'ores et déjà, des ouvriers et de l'argent ?

Je ne doute pas qu'un projet aussi important et aussi utile que la restauration de l'aqueduc romain ne soit, tôt ou tard. sanctionné et même exécuté dans toute son étendue. Un jour, je le crois, les eaux de la fontaine d'Eure couleront encore à Nimes : mais fixons-nous à des idées plus modestes pour ce moment.

L'enquête administrative est en voie d'exécution. Les quelques objections portées au registre n'offrent rien d'important; il sera facile d'y répondre avec avantage, et je m'en occuperai plus tard. Je ne doute pas que le projet ne suive sans encombre la filière administrative et ne soit successivement approuvé par les autorités compétentes, mais, en attendant, devons-nous rester les bras croisés, et chaque exploration, chaque recherche utile ne rendent-elles pas plus facile la solution définitive de la question ?

M. le préfet Darcy autorisa en 1844 les fouilles

_____

(1) *Voyez* tome i de mon ouvrage *sur les Eaux*, p. 208 à 232 — 947 à 957, et tome ii, p. 47 à 50.

nécessaires pour reconnaître dans quel état se trouvait l'aqueduc romain sur tout son parcours. L'exiguité du crédit municipal obligea d'espacer ces fouilles de cinquante à cent mètres l'une de l'autre ; qui empêcherait qu'elles ne fussent aujourd'hui reprises dans toute la longueur, c'est-à-dire, *qu'à titre d'exploration*, l'aqueduc ne fût découvert et déblayé tout entier? L'autorisation de reconstruire ne se ferait pas attendre après une pareille reconnaissance, car on toucherait ainsi, du doigt et de l'œil, la beauté et l'utilité de l'ouvrage.

Ne portons même pas nos vœux aussi loin du même coup, rappelons-nous que nos entreprises doivent être successives, productives, et n'exigeant qu'une dépense modérée ; ne demandons pour le moment que la reconnaissance complète de l'aqueduc depuis le bureau d'octroi du chemin de Russan jusqu'à St-Gervasy, et l'exploration de l'évent du Fouze par une tranchée qui partirait du niveau de l'aqueduc romain.

Cette tranchée, ouverte dans le rocher, fournirait une grande partie des matériaux nécessaires à la restauration de cette première section du canal antique.

Comme un petit cratère d'éruption, le Fouze projète, pendant six mois, des eaux abondantes qu'une force puissante pousse verticalement contre les lois de la pesanteur ; on aurait peut-être de

l'eau toute l'année si on lui ouvrait une issue à **dix**
ou onze mètres plus bas. Ainsi, pour quelques
centaines de mille francs, pour le montant de l'emprunt que la ville réalise en ce moment, — on res-
taurerait le tiers de l'aqueduc romain, — on donnerait à Nimes une quantité d'eau **considérable**
pendant une grande partie de l'année, et, ce qui
est très-probable, pendant l'année entière (1).

Je me résume :

Les ouvriers que la ville a besoin de secourir
devraient être divisés en deux catégories: les vieillards, les femmes, les enfans, les individus débiles d'une part; — d'autre part, les individus
jeunes et robustes.

Il faudrait laisser les premiers dans les ateliers
de fabrication et de tissage, où, sur une matière
à bas prix, on les ferait travailler à des étoffes
d'un emploi général, de première nécessité.

Les seconds, portés aux chantiers extérieurs,
devraient être appliqués à un labeur utile et fructueux, de manière à ce que les capitaux dépensés
ne s'évanouissent pas, mais donnent un jour des
fruits abondans, comme un arbre vigoureux confié
à un terrain fertile.

La restauration de l'aqueduc romain présente

____

(1) *Voyez* tome I de mon ouvrage *sur les Eaux* p. 565 à
577. et 894 à 899; et tome II, p. 95 à 96.

seule à la ville de Nimes ces conditions de produits positifs ;

Les habitans en retireront des avantages immenses, conçus de tous et généralement appréciés ;

Les ouvriers les moins exercés, les hommes de la fabrique, momentanément terrassiers, peuvent y être utilement employés ;

Les maçons y trouveront aussi leur place, mais en moins grand nombre.

Cette entreprise, qui paraît gigantesque, peut se diviser en plusieurs parties rationnellement distinctes et donnant chacune des produits particuliers (1) ; on marchera ainsi petit à petit et suivant les ressources, vers le but définitif.

En attendant l'approbation gouvernementale du système entier, des *études* nouvelles et complètes ne peuvent être que très-utiles ; l'exploration du Fouze serait surtout une chose de la plus haute importance.

En conséquence, je pense qu'après s'être entendue avec la compagnie nimoise, la commission municipale devrait demander à M. le Commissaire extraordinaire du Gouvernement l'autorisation :

1° D'établir sur tout le parcours de l'ancien aqueduc romain, de Nimes à Saint-Gervasy, des

(1) *Voyez mon ouvrage sur les Eaux*, tom. I. p. 208 à 223, p. 947 à 957, et tom. II, p 47 à 50

ateliers municipaux pour mettre à découvert toute la construction antique ;

2º De creuser une tranchée dans le lit du ruisseau dit le *Canabou*, allant, de niveau, depuis l'aqueduc romain jusqu'à l'évent de Fouze, afin de savoir si la source, attaquée à douze mètres plus bas que son point d'émergence, ne fournirait pas des eaux abondantes et pérennes.

Le tout, pour arriver à des éclaircissemens de plus en plus complets sur l'importante question de la fourniture d'eau pour Nimes ; — et sous la réserve d'indemniser les propriétaires des dommages qui pourraient leur être faits.

Nimes, le 9 avril 1848.

DES EAUX DE NIMES

ET DE

L'AQUEDUC ROMAIN

DU GARD.

PREMIER CHAPITRE.

—

Système de M. Pagès, *Architecte.*

Depuis l'adoption définitive de mon projet de fourniture d'eau pour Nimes, par la commission spéciale d'Ingénieurs en chef et par le Conseil municipal, un nouveau système a été produit par un concurrent un peu en retard. Ses idées ne m'inspirent nullement la crainte de voir annuler, ni *modifier* les décisions prises, je n'ai donc point d'intérêt immédiat à les combattre ; mais son *Mémoire* (1) ayant été répandu avec profusion, je ne puis le passer sous silence, comme historien spécial de la question des eaux.

Je vais donc en consigner ici une analyse aussi exacte que rapide, et je terminerai par quelques-unes de ces objections capitales qui se sont certainement

---

(1) *Projet pour amener les Eaux à la ville de Nimes,* par M. Pagès, architecte. — Nimes, Ballivet et Fabre ; — in-4° de 24 pages.

présentées, dès la première lecture, à l'esprit de tous les hommes un peu au courant de ces matières.

L'auteur dit :

« Nimes manque d'eau pour ses besoins domestiques et industriels ;

» Au lieu de dépenser les fr. 2,500,000, que réclame l'exécution du projet TEISSIER, on peut assurer à la ville 865 pouces d'eau fontainiers, pendant les quatre mois de sécheresse, moyennant fr. 500,000 de dépense seulement ;

» Il ne s'agit que de mettre en réserve, pour l'étiage, les eaux surabondantes qu'à l'époque des pluies le ciel déverse sur notre localité.

» Pour cela, sur la route d'Alais, au travers du vallon du *Cadereau*, il faut élever un barrage de treize mètres de hauteur, s'appuyant sur les deux collines ; on formera ainsi un réservoir de trente-trois hectares de surface.

» Ce bassin retiendrait les eaux du torrent et, de plus, *celles trop abondantes que la Fontaine de Nimes fournit dans les grandes crues et qu'on ne lui rendrait que par degrés, suivant les besoins.*

» L'eau de la Fontaine sort d'un rocher, par un seul orifice de 2 m. 50, placé à 7 m. 80 au-dessous de la surface de l'eau dans le premier bassin ; cette source est alimentée par les eaux pluviales qui tombent entre les trois points de Vallongue, Vaquerolles et La Calmette, *et qui sont conduites par un canal unique de onze mille mètres de longueur.* On a des indices du passage de ce canal dans la propriété de

M. Fontaine et dans celle de M. Donarel, voisines du réservoir à établir.....

Quand la source devient très-grosse , son produit regorge sur ces deux propriétés, dans des excavations *volcaniques* qui laissent échapper une quantité d'eau *d'un volume égal à un mètre carré.*

» La source de Nimes étant en communication incontestable avec ces deux points, n'est-il pas évident qu'en les comprenant dans le périmètre du réservoir projeté , les eaux accumulées, parvenues à la hauteur du barrage , pourront , *sans inconvénient de filtration*, atteindre leur niveau de onze mètres d'élévation.

» L'eau sort du rocher à 5 m. 60 au-dessus du pied du barrage (dans la propriété Donnarel sans doute) , *et son bouillonnement prouve qu'elle atteint dans le conduit le niveau d'au moins cinq mètres de plus de hauteur, sans filtrations latérales, ce qui prouve que les eaux peuvent s'élever dans le réservoir à, au moins, onze mètres , sans inconvénient.* M. Ménard fait observer que le bouillonnement de la Fontaine , dans ses grandes crues, prouve qu'il existe une chûte pour les eaux d'au moins dix mètres et , à cette hauteur , elles sont encore à dix-huit mètres au-dessous du niveau de la source de Vaquerolles. qui est le seul point nouveau , sur une longueur de 5,500 mètres , par lequel les eaux *du conduit* se procurent un passage.

» *Toutes ces circonstances prouvent que , sans rien changer à ce qui existe, les eaux peuvent s'élever dans le réservoir à la hauteur de onze mètres.*

» On pourrait même élever ce barrage jusqu'à doubler la capacité du réservoir , ce qui n'augmenterait que de fr. 150,000 la dépense primitive, et, pour fr. 650,000 , au plus , *Nimes aurait , à l'époque des sécheresses , 1726 pouces fontainiers.* On mettrait la plaine à l'abri des inondations en s'opposant aux débordemens du Cadereau et de la Fontaine , et l'on procurerait à la ville une source de prospérité.

» Reste à trouver le moyen de régler *à volonté* l'écoulement des eaux du réservoir projeté , vers le bassin de la Fontaine. L'orifice de cette source est cylindrique , d'un diamètre d'environ 2 m. 50 ; — la direction *horizontale* (1) de son conduit permet , à une distance de quatre mètres, d'établir dans les rochers une section perpendiculaire à l'axe *de l'aqueduc dont la direction est connue* , et de la prolonger jusqu'à la profondeur de 7 m. 80 pour atteindre la partie inférieure du conduit. C'est dans cette section , large de 4 m. et épaisse de 0 m. 10 , que je propose d'établir , dans la partie la plus basse, une cloison en forte tôle , qui occuperait 4 mètres de largeur sur une hauteur de 4 m. 50. — Cette séparation en fer , qui barrerait complètement le passage des eaux , aurait au milieu une ouverture carrée de 1 m. 35 qui serait fermée par une vanne mobile , manœuvrée par un cric à manivelle.

» La cloison et sa vanne étant placées, l'issue des eaux serait réduite ou fermée à volonté , et la source

(1) Très inclinée au contraire.

n'ayant qu'un écoulement facultatif, on pourra, dans les grandes crues, si on le désire, forcer les eaux à se diriger dans le réservoir de 55 hectares *par un syphonement souterrain*; le puits de M. Donnarel serait l'issue du côté du réservoir ; une très-petite dépense (de fr. 600) convaincrait de tous ces beaux résultats.

» Pendant ses crues, la Fontaine de Nimes fournit une quantité d'eau prodigieuse ; ces eaux étant conservées par les moyens indiqués, et leur écoulement étant ainsi régularisé à volonté, elles arriveraient, limpides, de la source au réservoir, par le syphonement souterrain et se *vivifieraient* de nouveau en retournant du réservoir à la source, suivant les mouvemens de crue ou de baisse de celle-ci, ce qui donnerait à Nimes, pour de très légers sacrifices, des eaux aussi bonnes qu'abondantes.

» Le débit moyen annuel de la Fontaine, la quantité d'eau pluviale qui tombe dans la localité, le débit temporaire du Cadereau, tout prouve qu'on pourrait avoir en réserve, à la fin du printemps, une quantité d'eau plus que suffisante pour traverser sans pénurie les plus longues sécheresses, quelque large part qu'on fasse à l'évaporation.

» L'eau ne peut échapper du réservoir que très-difficilement par filtration à travers le rocher *bien joint* (1) qui en forme toute la paroi ; mais, d'ailleurs, y aurait-il quelques fissures, elles se dirigeraient *vers le conduit qui le traverse à une profondeur de douze*

(1) Très-mal joint, comme on le verra.

mètres , au-dessous des terres , et qui s'emparerait de toute l'eau qu'elles pourraient contenir, *ainsi qu'il le fait sur toute la ligne de son parcours, qui est de* 41,100 *mètres*, et les eaux qu'il renferme exactement *cristallisant toute sa paroi*, cristalliseront de même celle du réservoir et des fentes , et la vase , déposée par l'eau et pressée par elle dans ces joints , en hâtera les effets qui sont inutiles.

» En vertu de l'occlusion complète ou partielle de l'orifice de la source, et par la charge de onze mètres dont on dispose dans le réservoir, *on pourra faire arriver l'eau dans les divers quartiers les plus élevés de la ville* et doubler le nombre des bornes-fontaines.

» Si l'on craignait de voir manquer l'eau , on pourrait facilement, sans outrepasser la limite de dépense totale de fr. 659,000 déjà indiquée , joindre à la réserve existante les eaux du Cadereau de Vaquerolles, et, surtout, diminuer. en hiver, le volume des eaux fluentes qui , à cette époque , sont plutôt désagréables qu'utiles. »

L'auteur revient encore sur la quantité d'eau qu'il se croit assuré de pouvoir fournir à la ville pendant soixante jours de sécheresse ; son minimum serait de 863 pouces fontainiers ; ce paragraphe ne me paraît pas bien clair , mais il est, au reste, de peu d'importance à mon point de vue.

Il en est de même des détails d'exécution et du devis estimatif des frais ; une dépense un peu plus forte ou un peu moindre n'est pas ici la question grave.

Maintenant, arrive un exposé des opinions de ceux

qui ont cherché les moyens économiques de fournir des eaux à la ville de Nimes. Cet article ne contient pas moins de sept pages in-4°, presque le tiers du Mémoire, et se trouve extrait, en entier, de mes diverses publications *sur les Eaux* ; l'analyser serait inutile, je me répéterais moi-même, on n'a qu'à chercher dans mes brochures diverses ce que j'ai exhumé et fait connaître des idées de MM. Fontanier, Deyron, Angrave, Delon, Valz, Jean Rey, Charles Durand, ce que j'ai dit des barrages romains de l'antique *Glanum*, de celui de Caromb, des procédés employés pour se procurer de l'eau à Manchester (1), à Grenock, à Liverpool, de ce qu'on projette pour St-Etienne.

J'ai discuté les avantages et les inconvéniens de tous ces systèmes ; — j'ai dit successivement pourquoi chacun d'eux était particulièrement inapplicable

---

[1] Seulement je suis étonné que M. Pagès, après avoir exactement copié mon texte (tom. 1, pag. 448), comme suit : —
« A Manchester, les eaux de la rivière de Meldock, *élevées par* » *des machines à vapeur*, servaient aux besoins de la ville, mais » on s'est dégoûté de ce moyen. »

Je suis étonné, dis-je, que M. Pagès tire la conclusion suivante :

« La ville de Manchester abandonna le système des *Machines* » *hydrauliques* qui lui fournissaient les eaux de la rivière de » Meldock ; *c'est ce moyen trop dispendieux que va employer la* » *ville de Nimes....* »

Est-ce que, pour l'auteur, *les machines mues par la vapeur* et celles *qu'une chute d'eau fait fonctionner* sont une seule et même chose.

à la ville de Nimes , et dès que j'ai reconnu quelque erreur dans mes précédentes appréciations , je me suis empressé de la rectifier. — Que M. Pagès ne s'étonne donc plus, — «si , après avoir exposé des
» faits en faveur du système des barrages qui utilise
» sur les lieux les eaux pluviales, je conclus, *chose*
» *incroyable, selon lui*, à la restauration de l'aqueduc
» romain, pour amener de l'eau du Gardon. »

Avant que de glaner lui-même dans ce système des barrages , impraticable à Nimes , l'auteur du Mémoire aurait dû étudier et bien comprendre les motifs qui obligent à le rejetter et que je rappellerai tout à l'heure.

Je ne vois pas l'utilité de son addition finale sur les *Espéluques* de Dions et le fameux canal *cristallisé* de onze mille mètres. — «Tout prouve, dit notre
» auteur, que ce conduit fut formé dans le principe,
» lorsque la terre était en fusion , par le passage des
» gaz acides sulfureux et acides carboniques qui ,
» moins denses que la matière qui les renfermait,
» prenaient un effort constant d'ascension, quoique
» retenues par la partie supérieure déjà refroidie.

» Ce conduit conserva sa forme après le refroi-
» dissement de ces collines (1), et les suites de la
» dilatation occasionnèrent des fentes perpendiculai-

[1] Il me semble que le calcaire *néocomien*, d'après les nombreux fossiles qu'il renferme, et de l'avis de tous les géologues, est de formation marine plutôt que de formation ignée... Puis , la dilatation qui succède au refroidissement..... c'est encore une chose nouvelle.

» res au centre de la terre. Ces fissures ont laissé
» un passage aux eaux pluviales (*le volume qui s'in-*
» *troduit en certains endroits, égale au moins un mè-*
» *tre carré*) qui , ainsi introduites et contenues dans
» ce conduit, lui ont fait changer de destination.
» Il est aujourd'hui comme une grande artère qui
» alimente sur son passage les fontaines de Cotin ,
» Estezen , Fontanille , Tinel . Vespière , Servas ,
» Conchade, Vaquerolles , la source de M. Fontaine ,
» et arrive enfin à Nimes , *où la partie la plus basse*
» *de cette artère étant rompue , laisse aux eaux un*
» *libre écoulement,*

» J'ai reconnu que ces fontaines , qui ne tarissent
» jamais, éprouvent au même instant des variations
» semblables de niveau et de coloration ; *il serait*
» *trop long de rappeler toutes les preuves qui ont*
» *convaincu nos célèbres historiens , qui indiquent*
» *le passage et la longueur de cet aqueduc.* »

Et moi , je m'étonne que , puisqu'il est sûr de tant
de choses, l'auteur laisse son propre système aussi
incomplet ; car , si sa grande artère est rompue à la
fontaine de Nimes et qu'il puisse en produire l'obturation à volonté pour ménager les eaux , — cette
grande artère est aussi percée à Cotin , à Estezen , à
Fontanille , à Tinel , à Servas , à Vespière , à Conchade , à Vaquerolles , etc. , etc. , — et le sublime
du système serait de boucher tous ces orifices *du ca-*
nal cristallisé, d'empêcher chaque déperdition d'eau,
de tout mettre en réserve pour Nimes.

Quelle abondance alors..... et à quelle hauteur, vu

celle du point de départ, ne pourrait-on pas produire cascades et jets d'eau ?(pag. 22).

Ce ne serait plus alors devant le temple de Diane , sur les terrasses inférieures......... ce serait peut-être au pied de la Tour-Magne qu'on pourrait les faire jaillir ;

Et combien une idée aussi merveilleuse ne serait-elle pas économique ?

Voici le tableau de la dépense :

« *Pour régulariser à volonté l'écoulement des eaux*
» *de la Fontaine , additionnées à celles du Cadereau,*
» *et avoir pendant quatre mois de sécheresse un cou-*
» *rant de 865 pouces fontainiers , en flux égal et*
» *continu , non compris l'écoulement de la source*
» *indépendant de ces constructions.* (Pag. 23.)

» Puits à creuser ,	600 f.
» Déplacement de la route d'Alais ,	150,000
» Terrain à acheter,	125,000
» Indemnités et frais divers ,	30,000
» Chaussée, remblai, maçonnerie ,	82,047
» Percée dans le rocher et vanne en » fer ,	12,000
» Frais imprévus ,	100,353
Total, fr.	500,000

L'auteur conclut en disant (pag. 15) :

« C'est vers l'aqueduc naturel que nous devons
» porter notre attention. M. Ménard indique son
» parcours ; MM. Vincens et Baumes reconnaissent
» la vérité de ses observations ; moi-même , l'ayant

» étudié avec soin, je crois pouvoir indiquer son
» passage sur toute sa longueur ; *il est vaste, je le*
» *connais à des indices certains, qui attestent sa pré-*
» *sence à une distance très-rapprochée*, ainsi que je
» l'ai indiqué dans la propriété de M. Donnarel.

» L'on conçoit tout l'avantage que l'on en retire-
» rait en dirigeant l'eau des torrens qui se trouvent
» sur la ligne ; travaux très-simples, n'ayant en
» plusieurs endroits qu'à creuser quelques mètres
» pour s'y introduire !

» L'on conçoit en même temps combien grande
» serait la perte que ferait la ville, si un des points
» connus, tel que celui que j'ai indiqué, y attirait
» un spéculateur qui, établissant en ce lieu une
» vaste usine, s'en appropriait les eaux et en privait
» les habitans, ou bien si des agriculteurs, grandis-
» sant l'orifice d'une source qui communique avec
» l'aqueduc, en retranchaient ainsi une grande par-
» tie des eaux qui devaient être réservées pour cette
» ville ; c'est précisément ce qui existe.

» Ce sont ces considérations qui m'ont fait un de-
» voir, guidé par mon dévoûment pour tout ce qui
» peut être utile aux habitans de cette ville, de leur
» présenter un plan que j'ai commencé, *qui indique-*
» *rait les moyens faciles de parer aux pertes que fait*
» *l'aqueduc et ceux d'y introduire de nouvelles eaux* ;
» CES RÉSULTATS NE DOIVENT ÊTRE TENTÉS QU'APRÈS
» AVOIR FAIT UN BASSIN COMPARABLE A CELUI DE SAINT-
» FERRÉOL OU DE LAMPY...... »

L'exposition rapide de ce système m'en paraît une réfutation suffisante ; je n'ajouterai donc que quelques réflexions :

Quand on a le bonheur de posséder une source comme il n'y en a pas dix au monde, il faut se garder d'y toucher de peur de quelque dérangement, de quelque altération funeste ; et cet avis s'applique à tous les projets passés, présens ou futurs, tendant à troubler dans ses grottes inexplorées la nymphe sacrée du Mont Némausus...... Dois-je rappeler à ce sujet la fable de la poule aux œufs d'or ?

Les sources ne remontent pas à volonté, malgré qu'on tube leur orifice, qu'on l'entoure de terre ou de bâtisse ; — le produit diminue à mesure que la surface du liquide s'élève, et, à un certain niveau, l'eau cesse en général de couler.

Mais si, ne se bornant pas à vouloir relever le point d'émission, on tente de plus de le diminuer, de l'ouvrir, de le fermer à plaisir, de mettre en réserve l'excédant des eaux d'hiver, à l'effet de les répartir suivant les besoins dans les époques sèches de l'année, on se jette dans une voie inconnue, on se crée une chimère théorique qui, dans la pratique, ne produirait que des mécomptes.

En effet, les terrains sont trop perméables, les roches trop fissurées, pour que l'eau qu'on retient violemment d'un côté ne s'échappe pas d'un autre. Souvent l'issue d'une source n'est un point favorisé, depuis l'origine des temps, qu'à cause d'une pierre placée d'une façon particulière, d'une poignée de

glaise qui bouche un conduit collatéral , ou qui empê -
che l'air de venir interrompre un heureux effet de syphonement. Changez le niveau de l'eau, dérangez son
origine , bouchez capricieusement l'antique orifice ;
le régulateur intérieur est dérangé , le tampon naturel et salutaire surmonté , corrodé, détruit , l'air
s'introduit , l'eau s'arrête ou prend une direction nouvelle, et , fuyant alors une contrainte imprudente,
trompant l'attente d'un spéculateur avide , elle porte
ses bienfaits , par des filons qu'on ne connaissait
pas , sur des héritages quelquefois fort éloignés.

La Fontaine de Nimes, à son niveau actuel, éprouve
déjà des déperditions évidentes qui alimentent les
puits du voisinage (1). Ces déperditions seraient d'autant moindres qu'on diminuerait la pression sur les
parois et le fond de son bassin en abaissant la surface
du liquide. Les Romains n'obtinrent un déversement
plus relevé , par le barrage qui sert encore , qu'en
consentant à perdre sur la quantité d'eau.

Et l'on proposerait aujourd'hui d'obturer l'orifice
de la source et de lui faire supporter une surcharge
de quatorze mètres ! ....

Certes une pareille expérience ne sera jamais ten-
tée sur une Fontaine à laquelle se trouve liée l'existence d'une ville de soixante mille âmes. Chacun ne
sait-il pas d'ailleurs, que , si la source donne une
certaine quantité d'eau quand on ouvre le dégorgeoir
qui est au niveau des dalles du nymphée , elle en

(1) Baumes et Vincens. — *Topographie de Nimes* , pag. 226

fournit beaucoup moins à la hauteur du barrage romain, beaucoup moins encore à celle du barrage fait pour le bélier hydraulique qu'on supprima par ce motif, et, qu'à un point très-peu au-dessus de cette dernière construction, la source cesse d'émettre aucun produit.

L'eau se perd donc latéralement à mesure qu'elle a un plus grand effort à exercer pour relever sa surface. A un mètre en surcharge du niveau d'été actuel les pertes sont égales à la fourniture ; et, comme sous la pression de quatorze mètres ces pertes égaleraient certainement et surpasseraient peut-être un jour les produits d'été et d'hiver, personne ne sera tenté d'en faire l'expérience.

Pendant les grosses eaux, ce liquide se fait jour quelquefois au travers de la roche et du mur d'enceinte du premier bassin. Sous une pression de onze ou quatorze mètres, elle regorgerait plus abondamment encore par ces ouvertures et surgirait assurément à gros bouillons par celle qui servit au Capitaine Bernard pour s'introduire courageusement dans des anfractuosités souterraines, communiquant avec la source et inexplorées avant lui. Sans retenir les eaux, l'obturation de l'orifice actuel ne serait donc qu'une cause violente de désastres.

Mais, en supposant que le liquide fût hermétiquement retenu, que deviendraient le sable et le limon dont la Fontaine se dégorge à chacune de ses crues, et, qui, dans le nouveau système, resteraient dans ses conduits (1)? Ces dépôts ne pourraient-ils pas, à la longue, jeter une grave perturbation dans le régime des eaux ?

Aucune main téméraire n'aurait jamais dû toucher au bassin de la Fontaine et n'y touchera jamais plus, je l'espère ; le système d'obturation doit donc être à jamais proscrit.

Quant au fameux canal *unique* et *cristallisé*, voici les deux passages de nos *célèbres historiens* sur lesquels M. Pagès a, trop légèrement, ce me semble, essayé d'échafauder tout son projet :

« Les eaux de la Fontaine, dit Ménard, lui
» sont fournies par un aqueduc souterrain que la
» nature a formé, qui va en serpentant et qui fait
» divers tours dans le roc, et dont l'issue est beau-
» coup plus basse que le fond de son bassin ; de ma-
» nière que, pour s'élever jusque là, les eaux forment
» en y montant une espèce d'entonnoir ou de cône
» renversé, dont la partie supérieure peut avoir à
» peu près sept toises de diamètre et trois toises et
» demie de hauteur perpendiculaire. Cette source ne
» tarit jamais et sort à gros bouillons avec beaucoup
» d'abondance ; mais rien n'approche de ses grandes
» crues. Elles se forment, au temps des pluies, de
» plusieurs chutes d'eau qui viennent des collines si-
» tuées à une ou deux lieues loin, du côté du nord-
» ouest, c'est-à-dire, depuis les domaines et fiefs de

(1) Sans compter ce qui arriverait de plus par le Cadereau et le réservoir projeté.

» Vaquerolles et de Vallongue jusque vers le village
» de La Calmette. Ces chutes d'eau se ramassent dans
» son bassin par des routes cachées et souterraines.
» C'est toujours avec une abondance prodigieuse qui
» la fait regorger d'une manière si impétueuse et si
» violente, qu'il semble que toute la plaine va être
» submergée. Par cette unique route se forme l'ac-
» croissement de la Fontaine. En effet, on ne la voit
» enfler et grossir que lorsque les pluies règnent
» dans ces derniers quartiers... » *Histoire de Nîmes*,
tom. VII, pag. 52.

Ménard n'était ni physicien, ni géologue ; bien
des choses confuses et contradictoires, bien des hypothèses gratuites sont accumulées dans ce paragraphe. Toutefois, il n'a eu garde de préciser autant
que M. Pagès des faits imaginaires ; son tort est
d'avoir admis, sans preuves, *un aqueduc serpentant
et faisant divers tours dans le roc* ; *puis des routes
cachées et souterraines* ; *puis une route unique, des
cascades que personne n'a vues* ; tout cela manque de
sûreté et d'accord.

Un seul fait reste de cette citation, c'est que la
source s'enfle, grossit et déborde lorsqu'il pleut du
côté de La Calmette, de Vaquerolles ou de Vallongue.
Mais, est-ce à dire qu'elle vienne uniquement de là ;
cette conclusion serait une très-grande erreur.

Pour toute source, il faut soigneusement distinguer les eaux de crue et les eaux pérennes. Quand
une source fournit toute l'année, et qu'à son débit
ordinaire se joint promptement après la pluie dans un

quartier peu éloigné, un volume d'eau considérable et s'amoindrissant bientôt ,—il y a nécessairement deux provenances distinctes pour ces deux natures de produits.

En effet , si le pays éprouve des sécheresses de plusieurs mois , il faut que l'eau de pluie , pour fournir à un écoulement constant , mette plusieurs mois aussi à pénétrer , à cheminer , du lieu où elle est tombée sur le sol , jusqu'à l'orifice de la source ; il faut donc que les radicules d'alimentation soient nombreuses , très-divisées , très-étendues , surtout quand le débit de l'eau est considérable ; il faut que le terrain ne laisse filtrer les molécules du liquide qu'avec beaucoup de peine et de lenteur ; il faut, en un mot . une aire d'alimentation immense et très-peu perméable.

Pour les crues subites et violentes , au contraire , il faut un terrain très-fissuré , très-ouvert , comme celui de nos collines , recevant et laissant passer le liquide avec vitesse et facilité ; tel est le cas de la Fontaine de Nimes puisqu'elle déborde quelques heures après qu'un orage a éclaté dans la direction de Vallongue ou de Vaquerolles.

Il est donc aisé de savoir d'où proviennent les crues, les eaux extraordinaires. Quant à l'origine du flux habituel et pérenne, elle est beaucoup plus difficile à découvrir et le canal *unique et cristallisé* n'est qu'une hypothèse gratuite et ridicule.

Si Ménard est beaucoup moins affirmatif sur ce point que M. Pagès , MM. Baumes et Vincens , qui

connaissaient mieux la physique et les sciences naturelles , sont bien plus réservés encore.

« La chaîne des collines de laquelle sourd la Fon-
» taine de Nîmes , disent-ils , renferme des grottes et
» des cavités qui sont les réservoirs de la source. Ces
» concamérations paraissent s'étendre à plus de six
» milles (11,700 mètres) et communiquer entr'elles.
» C'est *vraisemblablement* à cette disposition natu-
» relle qu'est due l'abondance de la Fontaine ; elle
» réunit toutes les eaux de ces bassins naturels , qui
» formeraient autant de petites sources particulières ,
» s'il n'existait aucune communication entre eux et
» s'ils n'avaient un écoulement commun. » (*Topographie de Nîmes* , pag. 219.)

Quoique plus près de la vérité, nos auteurs ne
l'ont pourtant pas atteinte. Les vastes souterrains ne
sont qu'une chose très-accessoire dans l'économie des
sources : il les faudrait immenses pour alimenter un
débit pareil à celui de la nôtre , et la charge dimi-
nuant à mesure que la surface de l'eau s'abaisserait
dans ces bassins, le régime serait beaucoup moins
constant qu'il ne l'est en réalité. Un crible étendu ,
épais et serré , *qui est tout le terrain supérieur* et qui
fonctionne beaucoup mieux qu'un réservoir , voilà le
vrai moyen dont la nature se sert pour produire et
pour alimenter les sources pérennes. Ce qui met le
fait dans toute son évidence , c'est l'observation des
sources *estivales*, plus abondantes en été qu'en hiver,
ou mieux encore de celles dont le débit le plus considérable ne répond aux époques très-pluvieuses

qu'après un intervalle de plusieurs années. Ces sources sont, en général, les moins variables et les plus fortes.

M. Pagès ne s'en est pas tenu au Mémoire qu'il a fait imprimer et répandre dans le public ; il en a adressé un autre (manuscrit de 24 pages), à M. l'ex-préfet Darcy, où il cherche à mieux développer son système. Après une lecture attentive, laissant de côté tout ce que nous connaissons déjà, je ne vais exposer que les idées nouvelles susceptibles de donner lieu à quelques réflexions utiles (1).

L'auteur ne se borne plus à promettre 863 pouces d'eau pendant la sécheresse, c'est maintenant 2,589 pouces, toujours pour fr. 650,000 , et il ajoute : —
« Il serait facile de grandir encore considérablement
» le volume des eaux ; je connais le parcours du con
» duit qui amène les eaux à la Fontaine de Nimes ,
» il suffit d'y introduire l'eau de tous les torrens qui
» passent à ses côtés, il nous les amènera aussi dans
» le réservoir (2). »
Selon lui : — « Les eaux du Gardon sont extrême-
» ment limoneuses (3); — l'aqueduc romain *recouvert*

(1) Elles ne se trouvent qu'au commencement du Mémoire dont les deux tiers à peu près ne sont que des redites de celui qui est imprimé.

(2) Ces *torrens* ne cessent d'être à sec que quand il pleut, fort et longtemps ; au bout de quelques jours on n'y voit plus une goutte d'eau à cause de la trop grande perméabilité de tous leurs versans.

(3) Elles sont très-limpides au moins dix mois de l'année, et

» *de dalles* (1) et de plusieurs mètres de terre sur une
» longueurd'environ *vingt mille mètres* (2) serait
» promptement comblé, et, dès-lors, il est facile de
» prévoir tous les inconvéniens que présenterait son
» déblai..... »

Que M. Pagès se rassure : — les troubles du Gardon sont de très-courte durée ; — pendant ses crues passagères on n'introduira dans le canal d'amenée que les eaux de l'Alzon ; — l'eau vaseuse serait bien plus préjudiciable aux pompes qu'à l'aqueduc, et celle qu'on élevera par ces machines déposera beaucoup moins que ne le fit sous les Romains l'eau de la source d'Eure.

Le danger d'ensablement est moins imaginaire pour le canal de prise: mais les vannes de tête et de décharge sont là pour y remédier.

La quantité d'eau que fournit le Gardon pendant les étiages les plus arides, sur le lieu où le barrage sera construit, dépasse de beaucoup celle qui sera nécessaire; on peut sur ce sujet s'en rapporter sans crainte aux jaugeages exécutés par les ingénieurs habiles que j'ai cités dans mes écrits et dont les observations embrassent une assez longue période (3).

ne sont limoneuses que dans la saison des pluies où l'on n'en a aucun besoin. J'ai traité cette question ailleurs.

(1 L'auteur ne l'a sans doute vu qu'au Pont-du-Gard, car *il n'est recouvert de dalles que là.*

(2) C'est trente-trois mille qu'il fallait dire.

(3) MM. Didion, Dombre, Surell et autres : *Voy.* t. 11, p. 701 à 703 de ma publication.

« Mais, dit M. Pagès, le volume du Gardon décroît
» chaque année. La première cause de cet affaiblisse-
» ment constant de l'étiage, c'est l'accroissement ra-
» pide des nombreuses populations qui se trouvent en
» amont du barrage projeté. Ainsi la ville d'Alais
» dans quinze ans a vu doubler sa population et le
» nombre de ses usines. La richesse de ses mines et
» leur rapprochement par le chemin de fer lui pro-
» mettent, ainsi qu'aux populations riveraines du
» Gardon, un bien plus grand développement ; ce qui
» affaiblira de plus en plus cette petite quantité d'eau
» que fournit la rivière, puisqu'elle sera affectée,
» soit aux besoins domestiques et industriels, soit à
» l'arrosage des propriétés.

» La deuxième cause de cet affaiblissement toujours
» croissant, je la trouve dans la raison qui fut donnée
» à la chambre des députés ; elle explique le motif
» des inondations plus fréquentes et la décroissance
» de plus en plus notable de l'eau que fournissent les
» rivières à l'étiage, comme étant le résultat du dé-
» frichement des forêts qui couvraient autrefois les
» collines et facilitaient à leur sommet la filtration de
» l'eau des pluies à travers la terre et le rocher, et
» fournissaient ainsi à de nombreuses sources pour le
» temps des sécheresses ; il n'est point de rivière qui
» ressente plus que le Gardon les effets de cette funeste
» habitude : alimenté par les eaux pluviales qui tom-
» bent sur les montagnes des Cévennes qui étaient
» autrefois recouvertes de forêts, *ainsi que le prou-*
» *vent ses mines de charbon recélées dans leur sein,*

» *dont le carbone atteste le reste.* Ces montagnes pré-
» sentent aujourd'hui le rocher mis à nu sur pres-
» que toutes leurs surfaces ; les eaux y glissent rapi-
» dement et enlèvent, par un effort toujours croissant,
» le peu de terre végétale qui se trouve encore à leur
» base ; cette cause continuant d'exister, les effets
» doivent s'en suivre dans des proportions toujours
» plus grandes, et diminuer la petite quantité de
» terre en amont du barrage ; elles affaiblissent ainsi
» la quantité d'eau à l'étiage.

« D'après les lois de l'attraction décrites par New-
» ton, les pluies doivent devenir de plus en plus rares
» dans ces lieux. En effet, en vertu du phénomène
» de l'affinité chimique des corps, remarquable sur-
» tout pour ceux qui sont de même nature, en raison
» de leur masse, et en raison inverse du carré de
» leur distance, il s'en suit que l'humidité devenant
» toujours plus rare sur ces collines pour les causes
» que j'ai nommées, elle attirera, par conséquent,
» avec moins de force les nuages qui déverseront
» ainsi une moindre quantité d'eau (1).

« Une troisième cause qui tendrait à diminuer le
» volume du Gardon à l'étiage, c'est que la Fontaine
» d'Eure qui fournit à la rivière d'Alzon dont le con-
» fluent est à cinquante mètres en amont du barrage,
» *est alimentée, ainsi que le pensent ses riverains et*
» *ainsi que tout le prouve,* par l'étang de la Chapelle
» formé par le couronnement de collines beaucoup

(1) C'est un passage que je ne comprends guère.

» plus élevées ; il en est éloigné de sept mille mètres
» au plus. Or, des spéculateurs ont déjà projeté de
» mettre à sec cet étang , en creusant un canal d'irri-
» gation , afin d'utiliser les terres excellentes qui en
» occupent le fond. Si ce projet se réalise, *il est évi-*
» *dent que la Fontaine d'Eure, et, par suite, la rivière*
» *d'Alzon seraient bientôt taries*

« A l'époque des sécheresses, la quantité d'eau que
» fournit le Gardon, déjà très-faible est même recon-
» nue insuffisante pour remplir l'aqueduc romain (1).

« Le projet Teissier nécessitera à la ville de grandes
dépenses sans résultat . . ... »

Après avoir témoigné tant de sollicitude sur l'état
prochain de deux de nos cours d'eau les plus impor-
tans, qu'il croit sur le point de tarir , l'auteur se
préoccupe aussi des machines proposées.

« Quelle force ne faut-il pas pour mettre les roues
» en mouvement? — combien le diamètre du tuyau
» d'ascension sera considérable ; — quel poids il aura
» à supporter (20,000 kilogrammes) ; — *et il faut*
» *pour le soutenir, d'après les règles de l'équilibre une*
» *force* ATTRACTIVE *de 216 chevaux* (2). A ce poids

---

(1) Mais nul ne parle de remplir cet aqueduc, attendu qu'il
pourrait débiter trois mille pouces et qu'on n'y en veut introduire
que huit cents.

(2) Cette force *attractive*, ou, beaucoup plus probablement
impulsive, serait trop considérable de moitié. Au reste ce paragraphe n'est pas plus clair dans l'original que celui des nuages
La charge dans les tuyaux ascendans serait au plus de 7,500 kilogrammes, et la force nécessaire de cent chevaux.

» énorme j'ajoute celui des *clapiers*..... On ne pourra
» jamais parvenir à produire l'effet promis..... Mieux
» valait *faire examiner mon projet*, qui d'ailleurs
» avait été proposé successivement par tous les ingé-
» nieurs (1) depuis 1750..... et qui a le précieux
» avantage d'une immense économie.....»

A bout de ses craintes sur l'emploi des machines,
M. Pagès s'appitoie sur le sort des propriétaires riverains du Gardon ; mais comme ils exposeront sans
doute, eux-mêmes, leurs griefs d'une manière plus
complète, ce ne sera qu'au chapitre de l'Enquête que
nous nous occuperons de ce point.

Enfin, l'auteur, pour corroborer ses idées, cite
l'exemple de la réussite des réservoirs sur une grande
échelle établis en Angleterre, en France même, et se
prévaut des beaux succès de Robert Thom, de Riquet
à Saint-Ferréol, de notre respectable M. Vinard en
Bourgogne.....

Quelques mots sur toute cette argumentation :

Le contenu de ce mémoire, sur les machines, est
dénué de tout fondement. L'auteur trouvera dans les
livres spéciaux des exemples d'appareils produisant
des effets bien plus puissans que ceux que nous
avons demandés ; il y trouvera le calcul exact des
forces, des résistances et du produit, et, si la hauteur
de quarante mètres à laquelle l'eau doit être poussée
lui parait effrayante, il verra que ce n'est qu'un jeu
dans l'exploitation des mines, et qu'on ne se laisse

(1) Inconnus à tout le monde.

pas intimider pour des hauteurs doubles , triples, décuples même. La machine à colonne d'eau d'Illsang élève le fluide à 356 mètres d'un seul jet; celles d'Huelgoat, établies par M. Juncker, l'ont été pour puiser 240 pouces d'eau de 330 mètres de profondeur; — il y a des épuisemens bien plus profonds en Angleterre (1).

Quant à l'affaiblissement du Gardon, il est peu à redouter au point où sera placé notre barrage.

L'accroissement des populations supérieures influe peu sur le volume des eaux ; — on s'en sert pour les usines, mais on les rend immédiatement à leurs cours ; — l'irrigation seule en consomme des quantités notables. Or, jusqu'ici, l'irrigation a été peu en usage sur les bords du Gardon, à cause de la difficulté d'élever assez les eaux au moyen de barrages étanches et solides, — à cause de la difficulté de maintenir les biefs d'irrigation contre l'ensablement, l'envasement et les dénivellations de terrain que les inondations produisent, et surtout par suite du morcellement des propriétés riveraines. Ce qu'on n'a exécuté que dans la commune de Boucoiran pendant les siècles qui nous ont précédé, ne se fera certainement pas, tout d'un coup et sur tous les points, de nos jours ; et, dans tous les cas, la fourniture d'eau, au

1) M. Combes — *Exploitation des mines* t. III, p. 392, cite un épuisement de 366 mètres dans le Cornwal, et des résistances au mouvement des pistons de 29,000 — 55,000 et même 84,000 kilogrammes.

lieu où nous voulons établir notre prise serait encore
très-suffisante. Cette question sera traitée avec les développemens convenables dans la discussion de l'enquête.

Il y a longtemps que les déboisemens sont accusés
de la diminution des eaux courantes à l'étiage, et je
regarde ce fait comme prouvé, bien qu'on en ait
certainement exagéré la portée ; la sphère de l'action
de l'homme aura toujours des limites très-étroites à
l'encontre des lois de la nature, heureusement plus
puissante que lui. Les bois ralentissaient sans doute
l'écoulement à la surface du sol et l'évaporation des
eaux ; mais les fissures des rochers, les sommets pier-
reux des montagnes, les terres poreuses remplissent
encore les mêmes fonctions, et l'homme ne peut apporter aucun obstacle à leur action incessante. Qu'on
se rassure donc : les sources, les rivières ne sont pas
près de tarir ; — et à l'origine de tous les aqueducs
romains on retrouve, fluentes avec leur volume primitif à-peu-près, toutes les sources pour lesquelles ce
peuple construisit ses gigantesques monumens.

En accordant d'ailleurs à la destruction des forêts
toute l'action desséchante qu'on lui attribue, les forêts une fois dévastées, un état nouveau se constitue.
Il s'établit un régime corrélatif dans les cours d'eau :
misérable, si l'on veut, mais *stable*, parce que, les
bois une fois détruits, les autres circonstances restent
les mêmes. Or, la destruction des bois est déjà ancienne dans les Cévennes ; elle remonte aux guerres
de religion, au percement des routes stratégiques,

aux incendies, aux dévastations qui en furent la suite; elle remonte à l'introduction des vers à soie, à l'établissement des filatures, et, plus anciennement encore, à l'établissement de forges et fonderies de métaux divers, avant l'emploi de la houille....

Astruc se plaignait de cette rareté de bois sur nos montagnes ; les historiens du Languedoc ont exprimé les mêmes regrets, ainsi que Gensanne chargé, *avant la révolution*, d'explorer la province sous le rapport de l'histoire naturelle.

Le peu de bois qui restait fut saccagé à cette époque et, depuis soixante ans, il ne reste plus rien à faire. Quelque fâcheux qu'on le proclame, un état stable est donc arrivé. Les eaux sont à leur minimum, parce que la production arborescente est à son minimum possible aussi ; — parce qu'il est des végétaux que l'homme ne pourra, ni ne voudra jamais détruire, — et que les montagnes, les rochers, les terres absorbantes et poreuses fonctionneront toujours pour l'alimentation des sources et des rivières, en dehors de la puissance humaine et des limites de son action.....

C'est aller chercher ses preuves, en faveur de l'existence passée de nos forêts, un peu loin que de remonter *jusqu'à l'époque de la formation houillère*; les faits du temps présent trouvent leurs causes efficientes beaucoup plus près de nous. Soyons donc sans crainte : — *les nuages déverseront la même quantité d'eau, et le Gardon ne décroîtra plus, d'année en année, que de la quantité qui en sera successivement dérivée pour les besoins des villes ou de l'irrigation :*

Les premiers de ces besoins ne sont-ils pas les plus essentiels, les plus respectables?

Nous en dirons de même pour la Fontaine d'Eure : L'étang de la Capelle ne l'alimente pas plus que le canal *cristallisé* n'alimente la source de Nimes. Le fond d'un étang est toujours glaisé imperméable, sans quoi on le verrait bientôt à sec ; ces réservoirs nuisent donc aux sources inférieures plutôt qu'ils ne les favorisent. Tandis que l'eau s'infiltre dans les terrains ordinaires, elle s'évapore à la surface des étangs.

Les forêts, les sommets arides, les rochers, les terrains cultivés, nourrissent les sources ; les étangs, les marais leur nuisent au contraire, et répandent un air empoisonné sur toute la contrée. Que le dessèchement de l'étang de la Capelle cesse donc de préoccuper les riverains de l'Alzon ; la Fontaine d'Eure et la rivière d'Uzès ne tariront pas plus que le Gard.

Il ne me reste qu'une question à traiter, — celle des réservoirs.

Ici, comme partout, il y a des distinctions à faire : — distinctions d'usage, distinctions de climat.

En Amérique, en Angleterre, en Ecosse, dans les pays froids, dans les lieux élevés et couverts, l'eau ramassée en hiver dans des réservoirs immenses peut se conserver salubre et passer même l'été sans devenir impotable.

Il n'en est point ainsi dans les pays chauds, dans les lieux arides et découverts exposés à toute l'ardeur du soleil du Languedoc ; bientôt l'eau devient marécageuse et saumâtre, impropre à la boisson ; la matière verte s'en empare, et la corruption produit des miasmes dangereux. Chacun ne sait-il pas ce qui se passait dans les canaux de la *Fontaine* avant qu'on eût le soin de les mettre à sec pendant les trois mois d'été.

Les réservoirs de la Bourgogne, comme ceux de Saint-Ferréol, de Lampy et de Rive-de-Gier, ne servent qu'à l'alimentation de canaux navigables ;

On se plaint à Paris de la mauvaise qualité de l'eau de l'Ourcq, malgré qu'elle se renouvelle incessamment, et l'on vient de creuser un canal latéral pour éviter le séjour dans le bassin de la Villette de l'eau destinée à l'usage des citoyens.

J'ai visité deux fois le bassin de Saint-Ferréol. En été, quand le volume de l'eau est très-réduit, elle devient mauvaise, malgré l'altitude, la fraîcheur du lieu et l'abondance des affluens.

En été aussi l'eau de Rive-de-Gier est impotable, quoique le réservoir soit dans un vallon très-élevé et toujours alimenté par le ruisseau de Langouan.

Les eaux de Caromb ne servent que pour l'irrigation ou les usines.

Dans le bassin projeté à Nimes, l'eau serait promptement infectée, au fond d'une vallée brûlante et découverte : on n'aurait là qu'un marais pestilentiel, si toutefois, en été, il s'y conservait une goutte d'eau.

Mais les rochers sont trop fissurés, trop crevassés pour cela ; il y a trop d'évens, d'ouvertures d'absorption. Comment conserver de l'eau dans une pareille vallée, lorsque souvent il n'y pleut pas de quatre mois ; quand il n'existe aucun courant d'alimentation pérenne; quand, après les plus fortes pluies, l'eau ne coule dans le *Cadereau* que pendant deux ou trois jours, parce que le sol l'absorbe promptement ?

Ainsi donc, une aridité prolongée , la chaleur du climat, la perméabilité du sol, la production immédiate de la végétation marécageuse , toutes ces circonstances malheureuses, mais inévitables, rendent l'établissement d'un réservoir d'eau potable , dans notre localité, impossible ou dangereux.

Je l'ai dit ailleurs : — un réservoir utile ne pourrait être raisonnablement tenté pour Nimes que sur l'emplacement de l'ancien étang de Lognac, parce que le bassin est tout fait et que l'expérience de nos devanciers prouve qu'il était parfaitement étanche. Mais on n'aurait ainsi que de l'eau pour l'industrie ou le lavage et nullement pour la boisson : — voilà ce qui me fit renoncer à ce projet.

Les moyens de filtrage mis en avant dans le mémoire seraient sans aucun résultat : nulle part encore on n'a réussi à filtrer d'une manière convenable de grandes masses d'eau.

Le filtrage à Nimes devrait être, non-seulement *clarifiant mais désinfectant* et l'emploi du charbon devient alors indispensable. Or, il en coûte deux centimes par jour et par hectolitre, pour ce procédé seul efficace : *soit quatre francs par jour et par pouce, soit trois mille deux cents francs par jour pour huit cents pouces, ou cent quatre-vingt douze mille francs par an, pour soixante jours de sécheresse* ; nous voilà déjà bien loin du système à bon marché.

Nimes assurément ne voudra ni porter une main imprudente sur sa précieuse Fontaine, ni en détériorer les eaux si salubres, ni purifier à de telles conditions celles du réservoir proposé ; réservoir qui vicierait en même temps l'atmosphère, si, pendant nos étés brûlans et prolongés, il y restait la moindre flaque d'eau, ce que je crois au reste impossible.

Je termine :

La réfutation du mémoire que je viens d'examiner était peut-être superflue ; mais la discussion de certains faits relatifs à notre localité ne sera pas, je l'espère, sans avantages.

C'est ce qui m'a déterminé à écrire ce chapitre.

Anduze, le 30 avril 1848.

CHAPITRE SECOND.

Enquête administrative.

J'ai rapporté dans la livraison précédente comment mon projet avait été adopté, définitivement et à l'unanimité, par le Conseil Municipal de Nimes ; après un examen approfondi qui fut l'objet des réunions des 17, 18, 19, 20, 21, 22, 24 janvier et 1er février de cette année (1).

Dès le 15 février, l'arrêté suivant fut rendu pour hâter la marche administrative d'une affaire aussi importante :

Préfecture du Gard.

PROJET TEISSIER

Pour la conduite de nouvelles eaux à Nimes.

ENQUÊTE.

« Nous Préfet du département du Gard, officier de la Légion-d'Honneur ;

» Vu la délibération en date du 2 septembre 1845, par laquelle le Conseil Municipal de Nimes a :

» 1° Voté l'établissement d'une conduite de nouvel-

(1) Voy. t. ii, p. 794 à 818.

les eaux dans cette ville , de la quantité de 300 pouces fontainiers en *minimum ;* 2° déclaré que l'emploi
utile et la restauration de l'aqueduc romain du Pont-
du-Gard , devront , par préférence , faire partie des
projets présentés pour l'exécution du nouvel aqueduc ; 3° confié à une commission de cinq Ingénieurs
en chef, l'examen de ces projets et le choix de celui
qui serait jugé le meilleur ;

» Vu le rapport de cette commission , du 31 décembre 1846 , qui accorde la préférence au projet de
M. Jules TEISSIER , médecin à Nimes , consistant à
établir à Collias , au confluent des deux rivières du
Gardon et d'Alzon , un barrage neuf qui, au moyen
d'un canal d'amenée , constamment creusé dans le
rocher ou maçonné , créerait auprès de la culée
gauche du Pont-du-Gard une chute d'environ huit
mètres , suffisante pour faire monter au sommet de
l'antique monument un volume de 600 pouces d'eau
dans les années et par les étiages les plus défavora-
bles. — De la sommité du Pont-du-Gard , les eaux
seraient conduites à Nimes , à l'angle sud-est de l'ancienne citadelle , en suivant l'aqueduc romain, sauf
quelques modifications , c'est-à-dire , en traversant
les territoires des communes de Remoulins , St-
Bonnet, Sernhac, Bezouce , St-Gervazy , Marguerittes
et Nimes ;

» Vu une seconde délibération du Conseil Municipal de Nimes , du 5 mai 1847 , confirmative de cet
avis de la commission des Ingénieurs en chef , en
faveur du projet TEISSIER ;

» Vu les plans, dessins, profils, devis, cahier des charges et mémoire pour l'exécution de ce projet, ces documens dressés et signés par M. Charles Dombre, Ingénieur des ponts-et-chaussées de l'arrondissement de Nimes, chargé de la vérification de la partie d'art du projet Teissier ;

» Vu le traité intervenu le 28 décembre 1847, entre M. le maire de la ville de Nimes et la société Eugène Mourier et Compe, pour l'exécution de ce projet par ladite Compagnie, à forfait, et moyennant la somme capitale de *deux millions de francs*, pour une conduite de 500 pouces d'eau, avec augmentation d'une somme de mille francs pour chaque pouce d'eau dont la ville serait mise en possession, en sus des 500 pouces obligés ;

» Vu une dernière délibération du Conseil Municipal de Nimes, du 17 janvier 1848, contenant : « 1° Adoption itérative ou définitive dudit projet Teissier ; 2° Approbation du traité sus-visé entre la ville de Nimes et la Compagnie Eugène Mourier, pour l'exécution de ce projet ; 3° Vote de l'imputation ultérieure et successive de 2,500,000 francs sur les ressources ordinaires et extraordinaires de la ville, pour subvenir au paiement des dépenses de cette exécution ; 4° Annonce que les voies et moyens dudit projet seront définis et réglés par une nouvelle délibération du Conseil municipal ; 5° Enfin, demande qu'une ordonnance royale approuve et déclare d'utilité publique les travaux indiqués au projet sus-énoncé, et autorise la ville à acquérir à l'amiable, ou par application de la loi du 3 mai 1841, les terrains nécessaires à son exécution ;

» Vu la lettre de M. le maire de Nimes , du 3 février courant , transmissive des pièces sus-visées ;

» Vu , enfin , la loi précitée et les ordonnances royales des 18 février 1834 et 23 août 1835 , sur les enquêtes auxquelles doivent être soumis les travaux d'intérêt général ;

» Considérant que le nouvel essai projeté par la ville de Nimes , pour se procurer le volume d'eau qui doit assurer sa prospérité industrielle et agricole, donne les plus légitimes espérances , et qu'il importe dès-lors , de soumettre son projet aux enquêtes déterminées par la loi ;

» ARRÊTONS :

» Article premier. — Une enquête , suivant les formes prescrites par l'article premier de l'ordonnance royale de 1834 , susvisée , est ouverte , pendant un mois , dans le département du Gard , sur le projet TEISSIER , pour la conduite à Nimes des eaux du Gardon , élevées au Pont-du-Gard par des machines hydrauliques , et en utilisant l'ancien aqueduc romain.

» En conséquence, les pièces sus-mentionnées dudit projet seront déposées depuis *le* 19 *février courant jusqu'au* 21 *mars suivant* , tant dans les bureaux de la Préfecture du Gard (2e division) , à Nimes, que dans ceux de la Sous-Préfecture de l'arrondissement d'Uzès , à l'effet d'être communiquées à toutes les personnes qui désireraient en prendre connaisssance et qui auraient à présenter des observations sur leur adoption.

» Il sera ouvert pendant ce délai, et dans les bureaux ci-dessus désignés, des registres destinés à recevoir lesdites observations, conformément à l'article 3 de l'ordonnance du 18 février 1834.

» Art. 2. — Dans le cas où des communes entières croiraient avoir intérêt à appuyer l'adoption dudit projet ou à s'y opposer, MM. les maires desdites communes sont autorisés, pour le présent arrêté, à convoquer extraordinairement les conseils municipaux, dans le délai fixé par le précédent article, à l'effet de présenter telles observations que ces assemblées jugeraient convenables. Les délibérations des conseils municipaux seraient inscrites ou annotées sur les registres de l'enquête et jointes à ces registres avant la clôture de ceux-ci.

» Art. 3. — A l'expiration dudit délai, une Commission, qui sera établie au chef-lieu du département et qui tiendra ses séances dans l'une des salles de l'hôtel de la Préfecture, à Nimes, examinera les déclarations consignées aux registres de l'enquête ; elle entendra les Ingénieurs des ponts et chaussées et des mines employés dans le département, et, après avoir recueilli, auprès de toutes autres personnes qu'elle jugerait utile de consulter, les renseignemens dont elle croira avoir besoin, elle donnera ses conclusions motivées, sur le mérite et l'utilité de l'entreprise projetée ; sur les réclamations de toute nature dont elle pourrait être l'objet, notamment sur celles

des communes riveraines du Gardon , contre la dérivation projetée , ou dont le territoire devrait être
traversé par l'aqueduc romain restauré , contre cette
disposition ; sur l'emplacement du barrage à établir
dans le Gardon ; sur les jaugeages de cette rivière ;
sur les changemens , modifications , ou additions au
projet qui seraient commandés dans l'intérêt public
ou privé ; en un mot , sur toutes les questions qui se
rattacheraient à cette importante entreprise.

» Ces diverses opérations devront être terminées ,
et le procès-verbal de celles-ci remis au Préfet , dans
un nouveau délai d'un mois , ainsi qu'il est prescrit
par l'article 6 de l'ordonnance royale de 1854 sus-
relatée.

Art. 4. — Sont nommés membres de la Commission
d'enquête, mentionnée en l'article précédent, savoir :

« MM.

Le baron de DAUNANT , premier président de la Cour
royale de Nimes ;

AMALRIC (Numa) , négociant à Nimes ;

BARAGNON (Numa) , conseiller de préfecture et avocat à Nimes ;

BOISSIER (Casimir) , membre du même conseil , à
Nimes ;

Comte de CHAZELLES-CHUSCLAN , propriétaire à Chus-
clan et à Nimes ;

De CLAUSONNE , président en la Cour royale de Nimes
et propriétaire à Meynes ;

CURNIER (Léonce) , fabricant , à Nimes ;

Devèze, négociant et membre de la chambre de commerce , à Nimes ;

Dumas , maire de Collias ;

Gaussaud , juge-de-paix du canton de Remoulins ;

Plagniol , inspecteur de l'Académie , à Nimes ;

De Surville (Charles), propriétaire , à Nimes ;

Valz (Adolphe) , inspecteur de l'instruction pri-
maire du Gard , à Nimes.

M. de Daunant présidera la Commission ;

» Art. 3. — Le présent arrêté sera imprimé , publié et affiché dans les communes de Nimes , Uzès ,
Collias , Vers , Remoulins , St-Bonnet , Sernhac ,
Bezouce, St-Gervasy et Marguerittes , dont les territoires seraient traversés par la nouvelle conduite
d'eau projetée ou qui l'avoisineraient , à la diligence
de MM. les maires , qui sont en même temps chargés
d'en assurer l'exécution , chacun en ce qui le con-
cerne.

» Nimes , le 15 février 1848.

» Le préfet du Gard , Darcy , *signé*. »

La royauté croula les 22 , 23 , 24 février , et la
République fut spontanément proclamée dans toute
la France.

On conçoit que cet événement, aussi grave qu'inat-
tendu, qu'une révolution générale survenue huit jours
après la publication de l'arrêté ci-dessus, agitèrent tellement tous les esprits, captivèrent à tel point l'attention générale, qu'il était à craindre que l'enquête an-
noncée ne fût négligée par les uns , ou tout à fait ou

bliée par les autres, même par plusieurs de ceux dont les intérêts pouvaient être sérieusement engagés dans l'entreprise. C'est ce que M. le Commissaire du Gouvernement dans le Gard comprit avec une haute impartialité et pour sauvegarder les droits de chaque citoyen, de chaque communauté, de la manière la plus large, l'arrêté suivant fut dressé et affiché le 4 avril dernier.

PRÉFECTUTE DU GARD.

PROJET TEISSIER

Pour la conduite de nouvelles Eaux à Nimes.

Prorogation dn délai d'Enquête.

» Nous Commissaire extraordinaire du Gouvernement dans le département du Gard,

» Vu l'arrêté de la Préfécture de ce département, du 13 février 1848, d'après lequel une enquête a été ouverte pendant un mois, finissant le 21 mars dernier, sur le projet Teissier, pour la conduite de nouvelles eaux dans la ville de Nimes ;

» Vu les observations qui nous ont été soumises par divers riverains du Gardon ou de l'aquedac projeté, et tendant à ce que le délai de cette enquête soit prorogé ;

» Vu, enfin, les ordonnances des 18 février 1834 et 23 août 1835 ;

» Attendu que, dans les circonstansces présentes, les citoyens ont été plutôt occupés de l'intérèt public que de leurs attaires personnelles, qu'il parait alors juste de prolonger le délai de l'enquête ouverte pour recevoir les oppositions au projet de dérivation des eaux du Gardon, afin que tous les intéressés puissent, avec toute liberté, produire leurs réclamations pour ou contre ce projet ;

» ARRÊTONS :

» Les registres de l'enquête sur le projet TEISSIER, continueront à être ouverts jusqu'au premier mai prochain, pour la réception des déclarations relatives à cette entreprise, conformément à l'arrêté primitif précité.

» Art. 2. — Le présent arrêté sera imprimé, publié et affiché de la même manière, et aux mêmes fins qu'en celui dudit jour 15 février 1848.

» Nimes, le 4 avril 1848.

Pour le Commissair edu Gouvernement, empéché,
» Le doyen du Conseil de Préfecture, délégué,
» J. B. ROUSSELIER, signé.

Un des avantages spéciaux de mon projet, et celui qui m'a toujours paru le plus décisif en sa faveur, *c'est qu'il ne lèse les intérêts de personne* (M. de Fournès excepté); c'est qu'aucun particulier, aucune commune ne peuvent, *à juste titre*, objecter le moindre grief.

Cette vérité, que je prouverai bientôt de la manière la plus positive, était pour moi d'une telle évidence qu'il me semblait, qu'au point de vue d'intérêts menacés, aucune réclamation n'était possible contre mon système.

L'évènement aurait , sans aucun doute , confirmé mon attente , si les choses eussent été laissées à leur cours naturel , si aucune excitation indirecte, aucune sourde menée n'étaient venues , sans fondement , souffler des craintes chimériques.

Certes , l'intérêt privé est assez vigilant pour se défendre lui-même ; les communes riveraines du Gardon connaissent assez leurs droits pour en réclamer spontanément le respect et le maintien auprès de l'autorité supérieure , si ces droits eussent été sérieusement en péril. Les réclamations ne furent-elles pas unanimes , il y a quelques années , contre les projets Valz et Perrier ?

Mais ici la position était bien différente : il ne s'agissait plus de dériver le Gardon en amont de Boucoiran , mais , seulement , à Collias ; nous ne rêvons pas la prise plus que totale de la rivière par un détournement de six mille pouces ; — nous n'en demandons que huit cents.

Par le peu d'importance et par la position de la prise d'eau , mon projet ne nuisait donc à personne, ne lésait véritablement aucune commune , aucun particulier.

Comme c'était naturel et raisonnable , personne ne se crut atteint , personne ne réclama ni dans la dernière quinzaine de février, ni dans les premiers jours du mois de mars.

Tout d'un coup , et du dix au quinze de ce mois , la lettre suivante , datée de Nimes , fut adressée à

tous les maires des communes riveraines du Gardon ,
même les plus éloignées (1).

« Monsieur ,

» Vous êtes invité , dans votre intérêt et dans
» celui de votre commune , à vous rendre dans le
» plus bref délai à la Préfecture du Gard , et *de* vous
» adresser à M. Leloup , chef de la deuxième
» division , pour y signer le registre d'enquête en
» opposition à l'exécution du projet Teissier , qui
» doit prendre les eaux au Gardon pour les élever
» au-dessus du Pont-du-Gard et les amener à Nimes
» en restaurant l'aqueduc romain ; ces eaux sont
» déjà reconnues insuffisantes pour la ville de Nimes,
» qui va cependant dépenser 4,085,875 fr. sans suc-
» cès (2) ! La quantité d'eau que fournit le Gardon à
» l'époque des sècheresses est si faible, que l'on sait
» déjà , *et même on nous l'annonce, qu'elle ne peut à*
» *beaucoup près remplir cet aqueduc que d'un sixième.*
» Il s'en suit que pour les populations riveraines , *qui*
» *augmentent* et qui puisent de l'eau à la rivière , il
» leur faudra constamment plus d'eau pour leurs
» besoins domestiques, soit surtout pour l'arrosage
» de leurs propriétés ; il est évident que, *par l'exécu-*

(1) J'ai dans mes mains celle adressée à M. le maire de Massillargues et plusieurs autres ont passé sous mes yeux.

(2) Le projet ne doit coûter que 2,500,000 fr. Il plaît à l'auteur de la lettre d'y ajouter plusieurs années d'intérêt; en pro-
rogeant les termes du paiement, on ferait monter la somme au
point que l'on voudrait.

» tion de ce projet, ce sera une servitude à perpétuité
» *que vous établira* la ville de Nimes. La prise des
» eaux du Gardon sera désormais, et pour toujours,
» un sujet de contestations graves entre cette ville et
» votre commune, qui en serait ruinée à jamais.
» Votre opposition à l'exécution de ce projet étant
» signée à la préfecture sur le registre d'enquête par
» vous et par les principaux contribuables, suffit pour
» y mettre empêchement ; *la loi vous accorde jusqu'au*
» *20 mars inclusivement*, passé ce terme, votre dé-
» claration pourrait ne pas être admise Veuillez, s'il
» vous plait, en instruire les personnes *comme nous y*
» *étant interessées*.

» J'ai l'honneur d'être votre très-respectueux et
» très-obéissant serviteur, MICHEL, *signé*.

» Nimes, le 12 février 1848 (1). »

Cette lettre est évidemment pseudonyme, et l'au
teur a, sans doute, voulu faire croire qu'elle éma-
nait de M. Michel, trois fois rapporteur dans l'affaire
des eaux. C'était un moyen, en effet, de donner quelque poids aux avis du moniteur officieux.

Ce moyen, je laisse à la Commission le soin de le
qualifier ; mais, tout en voulant se cacher, le véritable auteur n'en a pas moins montré le bout de
l'oreille, car le style c'est l'homme.

L'enquête ayant été prorogée, on a tout naturellement songé, pendant ce temps, à user du procédé

______

(1) *Mars* est écrit au crayon au dessus de *février*, et, en effet,
la lettre n'a été timbrée à la poste de Nimes que le 14 mars 1848

qu'on avait *eu intérêt* à employer durant le premier délai ; on a donc adressé une seconde lettre à tous les maires riverains.

Toutefois, celle-ci n'est plus manuscrite, elle est imprimée, envoyée sous bande ; elle n'est plus signée MICHEL, mais bien VINCENS, nom très-honorable aussi à Nimes. M. Vincens, auteur de cette lettre, ne serait pas plus facile à trouver que le Michel ci-dessus ? mais on peut deviner encore ce que cache une respectable enveloppe ; — une prorogation nouvelle procurerait, sans doute, à MM. les maires riverains une troisième lettre du même genre.

Voici la seconde missive :

Nimes, le 15 avril 1848.

« Monsieur,

« L'enquête relative à l'exécution du projet Teissier
» a été prolongée jusqu'au 1er mai, à cause des
» préoccupations politiques. Vous êtes *invités* dans
» votre intérêt et celui de votre commune, à vous
» rendre, dans le plus bref délai, à la préfecture du
» Gard, et *de* vous adresser à M. Leloup, chef de la
» deuxième division, pour y signer le registre d'en-
» quête, en opposition à l'exécution de ce projet, qui,
» par un arbitraire injuste, établit à Collias un bar-
» rage dans le lit du Gardon pour en retenir les eaux,
» dont seront privées les populations situées en aval.
» Ces eaux seront élevées au-dessus du Pont-du-Gard;
» et, de là, amenées à Nimes. *Elles sont reconnues*
» *très-insuffisantes pour fournir, à l'étiage, aux be-*

» *soins de cette ville, qui va cependant dépenser*
» *4,085 875 fr. sans succès !* (1)

» La quantité d'eau que fournit le Gardon à l'épo-
» que des sécheresses est si faible, que l'on sait déjà,
» *et même l'on nous l'annonce, qu'elle ne peut remplir*
» *l'aqueduc à restaurer que d'un sixième !* il s'en suit
» que pour les populations riveraines *qui augmentent*
» et qui puisent de l'eau à la rivière, il leur faudra
» constamment plus d'eau, soit pour leurs besoins do-
» mestiques et industriels, soit surtout pour l'arrosage
» de leurs propriétés. *Ainsi toutes les populations*
» *situées en amont du barrage et même jusqu'aux*
» *sources du Gardon*, ne pourront plus établir de
» nouvelles usines ou arroser leurs terres sans en pri-
» ver, au-dessous la ville de Nimes, qui compte dé-
» penser des sommes énormes pour s'emparer de ces
» eaux, *que l'on reconnaît* déjà lui être insuffisantes.
» Il en résultera alors entre cette ville et votre com-
» mune des procès que vous perdrez incontestable-
» ment, le délai qui vous est accordé pour faire vos
» réclamations étant expiré. Il est évident que, par
» l'exécution de ce projet, *c'est une servitude à per-*
» *pétuité que vous établit la ville de Nimes*; la prise
» des eaux au Gardon sera désormais et pour tou-
» jours un sujet de contestations graves entre cette
» ville et votre commune, qui en serait ruinée à jamais.
» Votre opposition à l'exécution de ce projet étant
» signée à la préfecture sur le registre d'enquête par

(1) Pourquoi pas huit, dix, douze millions, suivant le terme.

» vous et par les principaux contribuables, suffit pour
» y mettre empêchement ; *la loi vous accorde jusqu'au*
» 1er *mai*, passé ce terme, votre réclamation ne serait
» plus admise.

« Veuillez, je vous prie, en instruire les personnes,
» *comme nous, y étant intéressées*, qu'elles réclament
» au plus tôt si elles ne l'ont déjà fait

« J'ai l'honneur d'être,

« Votre très-respectueux et très-reconnaissant ser-
» viteur,   Vincent *signé*. »

Je n'ajouterai rien, la Commission est instruite, elle
sait comment les choses se sont passées : il ne me
reste qu'à mettre sous ses yeux une analyse fidèle des
plaintes consignées à la Préfecture, et c'est par là que
je terminerai ce chapitre. Les suivans seront destinés
à une réfutation qui ne me paraît offrir aucune difficulté sérieuse.

Pour plus de clarté, je vais diviser les réclamans en
amont quatre catégories :

1° Les riverains du Gardon qui se trouvent en
amont du barrage projeté ;

2° La commune de Collias sur laquelle ce barrage
doit être assis ;

3° Les riverains à l'aval du barrage ;

4° Enfin les détneteurs de l'aqueduc romain ou
les propriétaires voisins de son parcours.

I. *Les communes qui ont protesté en amont du barrage sont* : Lézan, le 18 mars ; — Cardet, le 16 ; —

Massannes, le 18; — Cassagnoles, le 18; — Maruéjols, le 17; —Boucoiran, le 17; — La Calmette, le 16;
— Dions, le 19 : — Toutes à la réception de la lettre
signée *Michel*.

Leurs motifs sont ce qui suit :

D'après *Lézan*, le projet formerait en faveur de
Nimes un privilége sur les eaux du Gardon qui nuirait
aux usages des riverains pour les irrigations et les
usines et serait une cause de procès ; — cette opposition est signée par le maire et vingt-huit habitans ;
— les griefs sont évidemment calqués sur la lettre
officieuse qu'on venait de recevoir.

« Les habitans de *Cardet, prévenus par la lettre de
M. Michel*, qu'une enquête avait lieu , s'étonnent de
n'avoir pas été officiellement avertis. — Le projet
nuirait aux prises d'eau que feront *tôt ou tard* les
communes en amont du Pont-du-Gard ; — la ville de
Nimes s'y opposerait *peut-être* ; c'est pourquoi l'on
proteste pour réserver tous les droits que les communes ont ou peuvent avoir sur les eaux du Gardon.
— Signé par le Maire et trente habitans.

« En son nom particulier , le délégué de la commune , M. de Chapel, déclare : *qu'il s'opposerait, au
cas où le projet priverait sa commune du droit de faire
des canaux pour usines ou irrigations*.

« Les habitans de *Massanes* n'ont eu connaissance
que *par hasard* de l'enquête ouverte, — ils s'opposent, comme ayant intérêt à conserver le libre usage
du Gardon pour les irrigations et usines. — Le Maire
et vingt habitans ont signé , et l'on reconnait facile-

ment que le hasard qui les avertit est le même que celui qui les inspire.

« Le Maire et 33 habitans de *Cassagnoles* donnent les mêmes motifs que ceux de Massannes et de Lézan.

« A *Maruéjols*, on s'oppose, d'une manière absolue, à tout usage des eaux du Gardon qui impliquerait une servitude préjudiciable pour l'avenir ; on proteste contre la réalisation d'aucun projet qui tendrait à diminuer les droits naturels des riverains et l'usage que la position des lieux peut leur permettre de faire, actuellement ou dans l'avenir. — Le Maire et dix-neuf habitans.

« *Boucoiran* fait la même déclaration que Maruéjols. — (Trente-cinq habitans et le Maire.)

« Le Maire de La Calmette *seul*, avance que toutes les communes riveraines ont intérêt à ne pas voir diminuer les eaux du Gardon, déjà insuffisantes, et que le projet mis en avant *serait ruineux et n'amènerait que de médiocres résultats.*

« Enfin, un propriétaire de Dions écrit que les communes sont intéressées à ce qu'on n'amoindrisse pas la quantité d'eau du Gardon insuffisante en été. — De plus, comme propriétaire à Nîmes, les avantages du projet ne lui paraissent pas en rapport avec la dépense, surtout dans les circonstances actuelles ; — et, en été, le Gardon ne pourra pas fournir 800 pouces pour Nîmes, sans un grave préjudice *pour les communes inférieures au barrage.....*

M. le Maire de La Calmette me paraît empiéter un peu sur les droits de MM. les Commissaires enquê-

teurs, en jugeant le projet au point de vue de la dépense et des produits ; — puis il se fait le défenseur
officieux *des communes inférieures* en s'élevant contre
la diminution des eaux du Gardon ; nous sommes dis-
pensés de répondre *ici* à cet argument, car le Gardon
ne doit nullement être amoindri sur la commune de
La Calmette.

La même observation s'applique à la première objection faite en faveur de Dions. L'amoindrissement
du Gardon, en ce point, reprochable aux projets Valz
et Perrier, ne l'est nullement au nôtre ; les communes
inférieures au barrage s'expliqueront tout à l'heure,
mais les communes supérieures ne peuvent exciper
de la diminution des eaux. J'apprends avec surprise
que le déclarant énonce, sur le projet en lui-même et
son utilité pour Nimes, un avis qui diffère de celui
que le Conseil municipal, dont il fait partie, a plusieurs fois adopté à l'unanimité. Les circonstances actuelles l'ont surtout préoccupé ; mais, on doit l'espérer, la pénurie d'argent ne sera que momentanée, et
j'ai expliqué, dans *l'introduction* de cet écrit, comment la ville de Nimes pourrait fructueusement employer, sur l'aqueduc romain, des fonds dont elle est
obligée de faire le sacrifice.

Les objections qui ne dérivent pas de leur position
topographique écartées, on ne peut trouver dans les observations de toutes les communes riveraines *situées en
amont du barrage* qu'une seule proposition à discuter,
la voici :

Le projet fermerait en faveur de Nimes un privi-
lége sur les eaux du Gardon, qui nuirait aux droits et

usages des riverains SUPÉRIEURS *pour les irrigations et les usines à créer.....*

C'est le premier point à débattre réservé pour les chapitres prochains.

II. *Protestation de la commune de Collias sur laquelle doit être construit le barrage.*

Les plaintes de cette commune eurent à toutes les époques, le privilége de la longueur et de l'exagération, car elle se croit menacée des mêmes désastres, quel que soit le projet dont l'administration s'occupe. On peut s'en assurer en relisant les protestations faites contre le projet Valz, le projet Perrier et le nôtre, toutes, du reste, taillées sur le même patron. Je voudrais pouvoir en donner une image fidèle, en raccourci, mais la rédaction est de telle contexture qu'on ne pourrait pas facilement abréger sans refaire.

« La Commission municipale de la commune de Collias, une de celles qui doit être principalement paralysée dans ses intérêts agricoles et industriels par l'exécution de ce projet, émet fortement ses considérans avec confiance qu'ils seront appréciés par la Commission d'enquête.

» Considérant que l'exécution de ce projet est, non-seulement attentatoire aux intérêts immenses de son agriculture, mais encore qu'il détruit toutes ses facultés, toute l'utilité indispensable de ses usines, de ses agrémens, et envahit pour l'agrément et l'embéllissement d'un centre de population plus considérable, tout ce qu'une pauvre localité reculée renferme d'utile, d'indispensable, de facultatif, et veut lui

ravir la seule rivière qui rend son pays sain, salubre,
la seule chose que la nature lui a laissée pour don,
sans s'inquiéter, oui ou non, où nous devons moudre
notre grain, abreuver nos bestiaux, triturer nos olives,
laver notre linge. — C'est un monopole qui ne peut
exister que par l'égoïsme, et qui ne peut avoir aucun
crédit auprès des idées nouvelles du gouvernement
que le peuple français nous a données.

» Les immenses et majeures considérations abon-
dent pour désabuser de ce projet.

» La ville de Nimes sera-t-elle satisfaite; nous n'hé-
sitons pas à dire non.

» En effet, ces eaux sont reconnues très-insuffisantes pour la ville de Nimes qui a assez d'eau pour
boire ; pour ses intérêts agricoles et industriels c'est
une dépense de 4,085,875 fr. sans succès ; car, qui ne
reconnaît pas, Messieurs, qu'à l'époque des sécheresses, et nous, hommes du lieu, nous pouvons vous
affirmer qu'en juillet, août, et septembre, le Gardon
n'est qu'un filet d'eau, *et qu'à peine s'il pourra remplir l'aqueduc romain d'un sixième* en tarissant nos
rivières (1). Et nous, Messieurs, nous allons nous
trouver en face d'une mare stagnante, croupissante,
infecte, et notre pays sain ne sera qu'un invalide fiè-
vreux. Mais ce serait trop de mal en vérité, pour

____

(1) On voit qu'ici le rédacteur a eu besoin de nourrir son élo-
quence avec les faits qu'il a puisés dans la lettre *Michel*; nous
avons déjà trouvé le fameux chiffre 4,085,875 fr.. machine de
guerre de tous les riverains.

procurer une surabondance d'agrémens à la ville de Nimes, surtout lorsqu'il ne s'agit que de multiplier ses jets d'eau.

Or, admettons pour un moment ce projet exécuté : Eh bien ! le barrage Teissier élevant les eaux au-dessus du niveau actuel du Gardon de 8 à 10 mètres (1), le bride et provoque un reflux qui paralyse d'abord nos usines, dont la moindre crue viendra inonder, détruire et rendre en étang les parties de territoire les plus riches, les plus indispensables, le plus fertiles; parce que c'est le seul terrain qui longe la rivière d'Alzon où la nature du sol permet la culture des céréales, des plantes fourragères et potagères. Le niveau du barrage dans les eaux ordinaires s'élevant au-dessus du pont vieux sur la rivière d'Alzon, et qui donne communication à nos propriétes les plus fécondes de la plaine, rendra les communications impossibles, principalement en automne au moment des semailles. Et ceci est un fait matériel qui ne peut se détruire : il n'y a qu'à consulter le niveau pris.

« Devons-nous oublier aussi nos meilleures olivettes qui vont subir le joug du projet.

» Et nos usines, Messieurs, parlons de nos usines élevées à grands frais, et si facultatives et indispensables. Le pays, qui avait souffert longtemps d'usines suffisantes, se trouvait depuis quelques années admi-

(1) *Erreur de plus de moitié* : De ce qu'on veut avoir au Pont-du Gard, une chute de 8 à 10 mètres d'eau, il ne s'en suit pas qu'il faille relever le Gardon de cette quantité à Collias

rablement doté!.... Une des récoltes les plus importantes de la localité est l'huile. Nous nous trouvions
avec une seule usine qui ne pouvait suffire à la trituration; une autre s'est élevée, et nous voilà donc
encore avec une seule, tandis que deux sont indispensables.

» Et nos usines à blé...., celles de M. de Chazelles
et veuve Mazoyer, construites avec tant de frais,
parce qu'elles avaient à se défendre contre les eaux
torrentielles de l'Alzon, et notamment l'usine Mazoyer
située au confluent des deux rivières, partant,
la plus exposée à leurs fureurs, emportée déjà en
1780, reconstruite en 1822 par le susdit propriétaire
avec toutes les garanties de solidité possible ; éprou-
vée, d'ailleurs, par les crues d'eau les plus considérables qui se soient jamais produites, notamment aux
années 1826 et 1834, où cette usine fut entièrement
couverte par les eaux.

» L'utilité de ces usines est suffisamment consta-
tée ; elles deviennent pour le pays absolument nécessaires, puisque leur suppression mettrait en peine,
non-seulement le propriétaire aisé, mais principalement le peuple, le journalier qui attend le dimanche
le salaire de la semaine pour acheter son grain et
aller instantanément le faire moudre.

» Eh bien ! il serait, en temps ordinaire, obligé de
faire au moins 4 heures de marche pour faire moudre,
et pour le retour autant. Nous disons dans le temps ordinaire ; — et en juillet, août et septembre, où irait-
il ? — Nous ne pouvons répondre, puisque nous

avons vu, à ces époques de sécheresse, affluer aussi à nos usines des habitans de Milhaud, Bellegarde, Montfrin, Bezouce, St-Gervasy, Redessan, Manduel, Nimes, etc., etc., et rester trois ou quatre jours pour attendre.

» Voilà, Messieurs, une question grave qui touche non-seulement aux intérêts de la commune de Collias, mais encore à de nombreuses communes du département du Gard ; ceci est sérieux.

» Que nous répondront les faiseurs de projets, qui, certes, ont des intentions très-louables, mais qui se laissent beaucoup trop entraîner par la pensée suprême d'attacher leur nom à un projet, pensée beaucoup trop humaine. — Il s'en fera d'autres ; — et nous leur répondrons, où prendrons-nous l'eau pour les faire mouvoir ?

» Devons-nous oublier, car nous avons beaucoup de questions à toucher, la partie basse et habitée du village, où, dans la situation naturelle des lieux et dans les crues ordinaires, le Gardon vient mouiller le pied des maisons; elles seront évidemment visitées par le fait de l'élévation des eaux par le barrage ; en effet, le reflux remonte les eaux, au moins, à six mètres (1). Que les propriétaires de ces maisons se désabusent sur la continuation de leurs anciennes habitudes; ils nageraient à leur aise chez eux, et seraient dans l'obligation de déloger.

» Une autre question encore : il faut savoir que

____

(1) C'est une erreur encore, le remou ne sera pas du tiers.

tous nos bois, soit sur la partie droite et gauche du Gardon, viennent border et longer cette rivière ; c'est là que sont toutes nos dépaissances. Les bêtes de somme y séjournent principalement, les bêtes à laine y paissent aussi, et on les abreuve au Gardon. Où les amènera-t-on ? Au lieu d'eau claire, limpide, ces pauvres animaux ne trouveront qu'une eau délétère.

» Le revenu de notre pêche sera diminué de beaucoup.

» Le Gardon, Messieurs, est la *Fontaine* de Collias.

» Voilà où nous réduirait le projet TEISSIER s'il était mis à exécution.

» Un mot sur les changemens ou modifications qui pourraient être apportés à ce projet.

» A notre sens, et l'art n'y trouverait aucun obstacle, il s'agirait d'établir le barrage à quatre cents mètres environ plus haut que ce que l'avait projeté M. Teissier. Ce barrage serait supérieur au village, encaissé entre deux collines à pic. Le reflux n'aurait aucun des inconvéniens graves que nous venons de signaler.

» Résumons :

» La Commission municipale, considérant que, par l'exécution de ce projet, les intérêts matériels et physiques de la commune de Collias seront entièrement compromis ; qu'il est attentatoire à la santé, à la salubrité de la population ; qu'il détruit le revenu de la pêche ; qu'il établirait une servitude à perpétuité, et que la prise des eaux du Gardon sera désormais,

et pour toujours, un sujet de contestations graves
entre la ville et notre commune (1) ;

» Considérant qu'à l'époque des sécheresses, ces
eaux seraient insuffisantes, et que, dans toute autre
saison, elles ne pourraient suffire anx intérêts agricoles et industriels de la ville de Nimes, et que la
prise d'eau au Rhône peut seule remplir ce but ;

» Par ces motifs, la Commission municipale de la
commune de Collias, s'oppose formellement à l'unanimité, à l'exécution du projet TEISSIER.

» Fait en mairie, le 15 mars 1848. »

Si, aux yeux de ceux qui n'examinent les choses
que trop superficiellement, la commune de Collias
n'avait pas l'intérêt le plus considérable engagé dans
l'affaire des eaux de Nimes, je me serais abstenu de
transcrire textuellement ce long plaidoyer ; mais
toute réduction aurait peut-être laissé quelque doute
sur la portée complète de la réfutation, j'ai donc re-
produit le texte dans son intégrité.

Je renverserai, je l'espère, dans les chapitres
prochains, tout cet échafaudage de craintes chimériques qu'on s'est donné tant de peine à entasser.
J'aurai donc à répondre sur *l'insalubrité*, — *le tort
fait à l'agriculture*, — *la submersion des maisons et
des propriétés*, — *l'interception du chemin principal*,
— *la suppression des moulins à blé et à huile* : — *les
droits de pêche*, — *l'altération future des eaux*.. En-

____

(1) Encore une reminiscence de la lettre Michel.

fin je dirai un mot *sur des modifications utiles qu'on pourrait apporter au projet de barrage.*

J'espère qu'ainsi tous les argumens de la protestation auront reçu une réponse complète et sans réticences.

III. *Riverains de l'aval du barrage.*

Au-dessous de Collias, et en aval du barrage projeté, huit communes sont riveraines jusques au confluent du Gardon et du Rhône, ce sont : Vers, Remoulins, St-Bonnet, Fournès, Sernhac, Meynes, Montfrin et Comps, situées à droite et à gauche de la rivière, sur un parcours de deux lieues à peu près.

Vers, Remoulins, St-Bonnet, Fournès, Sernhac, Meynes, communes qui n'ont à leur proximité aucun autre cours d'eau que le Gardon, n'ont point formulé de plaintes ; et, ce qu'il y a de singulier, c'est que les oppositions n'ont été adressées que par les deux communes qui confinent au Rhône : Comps et Montfrin.

Suivant la première : « La dérivation du Gardon ne peut que lui être préjudiciable; les puits tariraient et la commune n'a pas d'autres sources. La rivière se transformerait en mares d'eau stagnantes et insalubres ; le Conseil municipal se prononce donc contre le projet, à l'unanimité (le 19 mars 1848).

Le Conseil municipal de Montfrin s'attache à la même idée, mais il la développe avec plus de détails.

« Considérant, dit-il, que le territoire de cette

commune doit, en grande partie , sa fertilité aux infiltrations des eaux de la rivière et aux abondantes
rosées qu'elles occasionnent, qui, dans la saison d'été,
y entretiennent une fraîcheur indispensable à la végétation ;

» Que réduire le volume d'eau de la rivière , c'est
diminuer d'autant ces infiltrations et ces rosées si nécessaires , et nuire considérablement à la fertilité de
cette vallée dont le sol léger et sablonneux a besoin ,
plus que tout autre , d'être constamment rafraichi ;

» Que la commune de Montfrin n'ayant qu'un seul
puits alimenté par le Gardon , dont l'eau soit potable,
tous les autres puits, sans exception , ne donnant
qu'une eau douce et de mauvaise qualité, — il est
bien à craindre que , lors des fortes chaleurs, cette
source ne soit considérablement diminuée, sinon tarie
tout-à-fait, et ne réduise les habitans à la dure nécessité d'user forcément d'une eau dégoûtante et mal-
saine ;

» Qu'il est hors de doute que les eaux de la rivière
ne coulant plus à plein lit , il se formera çà et là des
mares d'eau stagnantes, dont les émanations délétères
doivent influer d'une manière funeste sur la santé de
la population de la commune ;

» Considérant, enfin, que la jouissance de toutes les
eaux de la rivière qui traversent son territoire, est
pour une commune une propriété sacrée dont elle ne
peut être dépouillée sans injustice ;

» Que , sous un régime de liberté , le respect pour
les droits de tous ne doit plus être une fiction ;

» Par ces motifs , le Conseil :

» Justement alarmé des conséquences désastreuses qui résulteraient pour la commune de Montfrin de l'adoption du projet Teissier , déclare à l'unanimité s'y opposer de tout son pouvoir. »

(Et ont signé quinze conseillers et le maire , le 12 mars 1848).

Est-il probable, est-il possible que, sous l'influence de l'entreprise projetée , *les puits tarissent à Comps et à Montfrin ; — que les infiltrations utiles à la végétation cessent ; — que les rosées diminuent ; que la rivière devienne un marais putride ?* Il nous sera facile de répondre à tous ces reproches dont le simple exposé rend , tout d'abord , l'exagération si palpable.

IV. *Détenteurs de l'aqueduc romain et voisins de son parcours.*

Des sept ou huit communes que l'aqueduc romain traverse , une seule s'est émue , celle de Bezouce , et la cause évidente de son opposition , c'est le profit qu'elle retire de cette construction antique pour l'arrosage de plusieurs petits jardins. Voici la délibération du maire et de neuf conseillers municipaux :

« La commune peut d'autant moins céder les sources qui , dans son territoire , se trouvent au-dessus de l'aqueduc romain , que , dans les temps de sécheresse, ses habitans sont obligés de recourir au Gardon aux environs de Remoulins.

» La restauration de l'aqueduc romain créerait à

perpétuité une servitude très-onéreuse pour la commune de Bezouce.

» Cette restauration porterait le caractère d'un retour d'oppression.

» La ville de Nîmes ne peut pas plus revendiquer l'ancien aqueduc, que les Romains d'aujourd'hui ne peuvent revendiquer la ville de Nîmes.

» Si celle-ci n'a pas une quantité d'eau suffisante pour son industrie, il est plus rationnel que, évitant une trop grande centralisation, souvent plus nuisible qu'utile, elle forme des établissemens sur les lieux où la nature offre son concours gratuit, plutôt que de mettre dans la souffrance de nombreuses populations rurales, pour lesquelles l'eau est la principale ressource. Le conseil s'oppose donc, à l'unanimité, à l'adoption du projet. »

L'avant-dernier paragraphe de cette protestation vise à l'esprit ; — le dernier s'élève à des considérations philosophiques et législatives ; — l'auteur peut avoir raison au fond ; — mais dans tout projet on doit prendre l'état social comme il est, et non comme il sera peut-être un jour. — Nous n'avons donc, en fait, à débattre *que la question légale de la propriété de l'aqueduc et des sources qui s'y trouvent.*

Quant aux particuliers qui ont élevé la voix dans leur intérêt personnel, — leurs droits ne pouvant certainement être plus respectables que ceux des communes, les mêmes règles les fixeront.

Nous n'aurons donc pas à revenir sur le dire de M. Tourneysen, qui s'oppose au projet : « — comme propriétaire d'une partie de l'aqueduc, et parce qu'on lui ôterait des sources dont il jouit à son mas de Pazac. »

Il en est de même de M. Isidore Roubel , qui déclare : — «qu'il ne ferait d'opposition qu'au cas où on lui ôterait l'eau de son puits , au haut de l'Enclos-de-Rey . sur la ligne de l'aqueduc (14 mars 1848). »

M. Gaillard-St-Ange dit : — «Que si on suit exactement le tracé du canal antique , ou lui nuira , et à plusieurs propriétaires de Sernhac , attendu que l'aqueduc passe sous plusieurs puits , maisons, propriétés bâties (21 mars 1848). » — Mais le projet ne contient-il pas , antérieurement à son vœu , une proposition formelle de déviation *pour éviter le village de Sernhac ?*

Enfin , le citoyen Joseph Audibert , meunier , demeurant à Sernhac , expose au Représentant du peuple Teulon :

« Qu'il possède à peu de distance du village , dans le ruisseau de Bournigue , une petite propriété , et un moulin que les eaux provenant de l'aqueduc du Gard font mouvoir ;

» Que , sans s'opposer au projet , il voit cependant son industrie déchue ; — que ce moulin est d'autant plus utile à la commune , qu'il est le seul dans ce genre , et qu'ainsi la perte en est évidemment considérable ;

» Qu'en conséquence , il demande une indemnité proportionnée à la perte qu'il éprouvera sur son bien dont il entend néanmoins demeurer à jamais le propriétaire irrévocable (10 mars 1848). »

Les prétentions du citoyen Audibert doivent être rangées dans la même catégorie que celle des autres habitans de Bezouce, dont le Conseil municipal a pris en mains la défense.

Telle est l'analyse fidèle des pièces de l'enquête, déposées à la préfecture.

En la consignant dans ce chapitre, j'ai cru concourir à éclairer l'autorité supérieure, le public, et à rendre plus facile l'examen auquel la Commission va se livrer, le jugement qu'elle doit rendre.

Il ne me reste plus maintenant qu'à parler moi-même pour mon projet ; — qu'à détruire, l'une après l'autre, des objections bien plus nombreuses que solides, dont voici la nomenclature :

1° Pour les communes en amont du barrage :

Le projet formerait-il, en faveur de Nimes, un privilége sur les eaux du Gardon contraire aux droits et usages des riverains supérieurs pour des irrigations et des usines à créer?.....

2° Pour la commune de Collias :

Le projet nuirait-il à la salubrité, — à l'agriculture ; — submergerait-il des maisons et des propriétés; — intercepterait-il le chemin principal ; — supprimerait-il les moulins à blé et à huile, les droits de péche; — altérerait-il la qualité des eaux ?

N'y aurait-il pas enfin quelques modification utiles

à apporter au projet , touchant l'emplacement du barrage?

3° Pour les communes en aval de la prise d'eau :

Verra-t-on tarir les puits , — cesser les infiltrations utiles aux végétaux , — diminuer la rosée? — Le Gardon deviendra-t-il un marais infect et putride?

4° Pour les communes que traverse l'aqueduc romain :

Quelle est la position légale des détenteurs de cet antique monument ou de ses accessoires?

L'examen scrupuleux de ces diverses questions fournira la matière des chapitres suivans. Je commencerai par quelques considérations générales.

Anduze , le 5 mai 1848.

CHAPITRE TROISIÈME.

—

Réponse aux objections faites dans l'Enquête administrative. — Généralités.

Avant d'entrer dans la discussion des quatre catégories de plaintes qui se sont élevées contre mon projet, je crois utile de poser quelques principes généraux propres à servir de point de départ ou d'appui.

Ce qui suit est extrait du *Rapport de la Commission d'Enquête sur les Eaux de Lyon*, fait en 1843. Les questions de légalité y furent traitées par quatre magistrats ou jurisconsultes de cette ville, MM. Permesel, Achard-James, Jaquemet et Durieu (1).

« Le droit d'expropriation pour cause d'utilité publique est aussi ancien que les sociétés ; il repose sur le même principe que l'organisation sociale elle-même : — l'immolation de l'individualité à la communauté, — de l'intérêt privé à l'intérêt public.

» Ce droit est antérieur aux lois écrites, car il est

(1) *Voyez — Rapport sur le projet de dérivation et de distribution d'eaux de source à Lyon.* — Bennardet rapporteur, in-8o de 250 pages. Lyon, Dumoulin, Ronet et Sibuet 1843 — pages 145 à 157.

inhérent à la vie des sociétés ; sans lui elles ne pourraient rien, sans lui elles dépériraient dans une stéri-
lité impuissante et éternelle. C'est ce qui a fait dire
à Grotius que le droit de propriété avait pour limite
nécessaire l'intérêt général, puisque la société n'avait
pu créer un droit qui irait contre sa fin.

» Ce droit est donc absolu et immuable ; il a été
recueilli dans toutes les législations. Il fut, dans les
codes romains, le principe et l'instrument glorieux de
ces aqueducs gigantesques qui étonnent aujourd'hui
notre faiblesse. Il s'exerçait alors d'une manière fort
sommaire, à en juger par l'extrait suivant d'un des
mille sénatus-consultes rendus pour la conservation
des eaux et des aqueducs.

» Les consuls Q. Ælius Tuberon et Paulus Fabius
» Maximus, ayant fait un rapport au sénat sur les
» réparations convenables aux canaux, conduits sou-
» terrains et voûtes des aqueducs des eaux Julia,
» Marcia , Appia, Tepula et Anio, ont demandé au
» sénat ce qu'il lui plaisait d'ordonner à ce sujet ; sur
» quoi il a été arrêté : — que les réparations des
« canaux, conduits souterrains et voûtes qu'Auguste-
» César a promis de faire à ses frais, seraient faites ;
» — que tout ce qui pourrait être tiré des champs
» des particuliers, comme la terre glaise, la brique, le
» sable, les bois et les autres matériaux nécessaires ,
» *après avoir été estimé par des arbitres* , serait
» cédé, enlevé, pris et transporté sans que per-
» sonne pût s'y opposer. Que pour le transport de ces
» matériaux et la facilité des réparations, il serait

» pratiqué, toutes les fois que le besoin l'exigerait.
» les chemins ou sentiers nécessaires, au travers des
» champs des particuliers, *en les dédommageant.* »

« Ce droit d'expropriation, écrit aussi dans nos
législations modernes, n'a jamais varié dans son
principe ; mais seulement dans les lois qui en ont
organisé l'application. Le fonds est resté le même ; la
forme seule a changé, suivant l'esprit des diverses
époques successives dont il a gardé l'empreinte...

» L'expropriation peut être poursuivie au profit
d'un intérêt communal et contre des biens communaux, puisque la loi du 3 mai 1841 (art. 12 et 13),
prévoit textuellement le cas où l'expropriation serait
demandée par une commune, dans un intérêt purement communal, et celui où elle serait demandée
contre des biens communaux.

» Ainsi, la question doit rester hors de controverse;
elle est résolue par le texte de la loi.

» Mais l'expropriation peut-elle être admise au
profit des travaux d'art destinés à fournir de l'eau aux
besoins d'une grande ville.

» On ne doit pas hésiter davantage ; l'affirmation
est fondée encore sur la même loi de 1841 (art. 3),
lequel, après avoir énuméré les principaux ouvrages
d'utilité publique au profit desquels l'expropriation
peut être prononcée, ajoute dans son dernier paragraphe : — *et tous autres travaux.....*

» C'est dans ce sens, et pour des travaux parfaitement analogues, que la loi de 1841 et les lois précédentes ont été constamment entendues et appliquées,

et notamment en ce qui touche les services d'eau de Dijon et de Besançon.....

» L'expropriation peut-elle s'appliquer à des eaux servant aux usages soit des riverains, soit des communes ; et contre qui, en ce cas, doit-elle être dirigée?

» Pour être clair, il faut diviser la question.

» Ou les eaux à exproprier forment une simple source, — ou elles sont arrivées à l'état de cours d'eau ; — nous allons examiner successivement ces deux faces de la question.

» L'expropriation d'une source ne peut donner lieu à aucune difficulté. Une source est une propriété privée, une propriété ordinaire.

» La source appartient en toute propriété au maitre du champ où elle surgit et coule, c'est une dépendance de ce fonds. « Celui qui a une source dans son » fonds peut en user à sa volonté, sauf le droit que le » propriétaire du fonds inférieur pourrait avoir acquis » par titre ou par prescription (art. 641 du code civil). Or, toute espèce de propriété est susceptible d'être expropriée ; la loi ne fait pas de distinction, la jurisprudence n'en fait pas davantage. On pourrait exproprier le fonds même où jaillit la source ; à plus forte raison peut-on exproprier, la source qui n'en est qu'une dépendance.

» Il est bien entendu que si les propriétaires voisins ont eux-mêmes acquis des droits sur la propriété de la source, ils n'en pourront être dépossédés, comme le propriétaire principal, que par la voie de l'expropriation forcée.

» L'expropriation devra donc être dirigée, et contre le propriétaire primitif de la source, et contre tous ceux qui auraient acquis, à un titre ou à un autre, des droits sur la propriété de cette source.

» Il est bien entendu que si les communes avaient, comme communes, c'est-à-dire, comme propriétaires de biens communaux, des droits fondés à un titre quelconque, il serait procédé contre elles comme on le ferait contre des particuliers.

» Voilà pour le cas où les eaux à exproprier ne constitueraient qu'une source. »

Des cours d'eau.

« Un cours d'eau peut-il être soumis à l'expropriation pour cause d'utilité publique ?

» On ne voit aucune raison d'hésiter sur cette question. L'affirmative n'est pas douteuse, elle ne l'a jamais été ; et même aucune chose, en pratique, n'a été plus souvent soumise à l'expropriation que les cours d'eau. Six arrêts rendus depuis 1835, se rapportent tous à des cours d'eau qui ont été expropriés pour alimenter des canaux.

» Un exemple, plus directement applicable, a été fourni par la ville de Dijon. Cette ville, qui jouit pourtant d'une rivière, a préféré, pour son usage, des eaux de source. La source la plus convenable était celle du Rozoir, qui flue à quinze kilomètres sur la commune de Messigny. La ville de Dijon en a demandé la dérivation ; la commune de Messigny et divers possesseurs d'usines ont formé opposition à

celte demande ; mais , après les formalités d'usage ,
une ordonnance royale est intervenue , en date du
31 décembre 1837 , qui a déclaré l'utilité publique.

» Même chose est arrivée à Besançon. Cette ville ,
dans les murs de laquelle coule la rivière du Doubs , a
obtenu , à la date du 30 août 1838 , une ordonnance
qui déclare d'utilité publique l'augmentation du volume de ses fontaines et les travaux nécessaires pour
y amener de nouvelles eaux, et l'autorise à acquérir,
par la voie de l'expropriation , la source d'*Arcier* et
l'usine appartenant aux héritiers Bourgon , ainsi que
les terrains qui seraient nécessaires pour l'exécution
de ces travaux.

» Proudhon , dans son traité *du Domaine public* ,
pose cette solution comme une vérité hors de toute
controverse : « Le gouvernement peut toujours ,
» moyennant indemnité compétente , s'emparer des
» sources et ruisseaux qui se trouvent dans les ter-
» rains supérieurs. »

» Mais , doit-on indemniser les propriétaires riverains pour les dommages qu'ils vont souffrir par la
privation des eaux qui bordaient leurs héritages et
qui servaient à leurs irrigations ?

» L'auteur célèbre , dont nous venons de parler ,
Proudhon , n'hésite pas à déclarer qu'aucune indemnité n'est due pour ce sujet.

» Son argumentation est fort simple. L'eau cou-
» rante , dit-il , est dans le domaine commun ; elle
» appartient à tout le monde, ou , ce qui est la même
» chose , elle n'appartient à personne ; elle est sou-

» mise seulement et uniquement à un régime de po-
» lice administrative. Si elle n'appartient à personne
» on n'a pas à l'exproprier ; il suffira d'un règlement
» administratif pour détourner son cours , au gré de
» la puissance publique , qui n'est pas propriétaire de
» l'eau courante , mais qui en a la direction souve-
» raine. Ainsi, point d'expropriation , point d'indem-
» nité ; un simple règlement d'administration est suf-
» fisant. »

» Toutefois , on peut trouver dans cette argumentation l'abus d'un principe poussé trop loin.

» Sans doute , l'eau courante appartient à tout le
monde ; sans doute que tout le monde a droit à son
usage ; mais , à côté de ce droit général , donné par
la nature , il y a des droits particuliers stipulés dans
la loi écrite.

» Ces droits particuliers sont ceux des riverains :
la loi qui les consacre, c'est l'article 644 du code civil , disposant, que celui dont la propriété borde une
eau courante, a le droit de s'en servir pour son irrigation.

» Ainsi, les eaux courantes sont soumises à l'usage
général par le droit naturel , mais , bien entendu ,
sauf les droits particuliers établis par la loi positive.
Or , la loi positive, on vient de le voir , établit des
droits particuliers en faveur des riverains ; ces droits
il faut donc les respecter ; ou , si on les supprime ,
il faut substituer à leur place une indemnité qui les
représente. La société a le droit d'exproprier ; c'est
l'attribut de l'autorité suprême qu'elle exerce dans

l'intérêt de tous ; mais ce droit souverain, elle ne l'exerce qu'à une condition : c'est que les droits privés seront préalablement satisfaits et indemnisés.

» Il est superflu, sans doute, d'énoncer que ce qui vient d'être dit, ne peut s'entendre que des eaux *banales* et non des eaux appartenant à des particuliers et coulant dans des biefs ou canaux faits de main d'homme.

» Maintenant, contre qui devra-t-on procéder pour s'emparer du cours d'eau ?

» Contre tous ceux qui y ont des droits particuliers reconnus par la loi ; contre tous ceux qui avaient sur ces cours d'eau des usines, des ouvrages quelconques, par suite de concessions spéciales et de titres réguliers.

» Quant aux communes dont le territoire serait traversé par le cours d'eau, elles n'y ont, par ce seul fait, aucun droit particulier. On n'aura donc point à les appeler, comme êtres collectifs, dans la procédure à intenter. Elles n'ont à recevoir d'indemnité que si elles se trouvent dans une condition où un particulier en recevrait lui-même ; comme si la commune avait sur le courant une usine, un lavoir, une fontaine, par suite de concession ou titre régulier.

» Peut-on acquérir, par voie d'expropriation, le droit de traverser souterrainement un grand nombre de propriétés, et d'y creuser des puits de recherches ?

» Ce qui a été dit jusqu'ici suffit pour montrer que

cette question doit être résolue affirmativement. Il serait, dès-lors, inutile de rentrer dans les mêmes développemens, puisqu'il n'y a pas de difficultés nouvelles. Si la loi permet d'exproprier la propriété toute entière, à plus forte raison ses dépendances.

» Ces principes ont reçu leur application dans la presque totalité des expropriations qui ont été prononcées jusqu'à ce jour, et notamment dans toutes celles qui ont eu pour objet des percemens de chemin de fer et autres, et, notamment aussi, dans les deux exemples que nous venons de citer et qui sont fournis par les villes de Dijon et de Besançon.

» En résumé :

» L'expropriation pour cause d'utilité publique peut être appliquée au profit d'un intérêt purement communal ;

» Elle peut être appliquée contre des biens communaux ;

« Elle peut être appliquée en faveur d'une entreprise dont la destination serait de dériver des eaux de source pour l'usage d'une ville ;

» Elle peut être appliquée à des sources ;

» Elle doit être dirigée contre le propriétaire de la source, et contre tous ceux qui ont acquis des droits sur la propriété de la source.

» De plus, — la puissance publique peut s'emparer des cours d'eau, dans un but d'intérêt public, sauf indemnité à ceux qui y ont un droit positif et particulier ; mais aucune indemnité n'est due aux commune8, comme êtres collectifs, par ce seul fait que le cours d'eau exproprié traverse leur territoire.

« Enfin, on peut acquérir, par voie d'expropriation, le droit d'ouvrir un tunnel souterrain et de l'éclairer par des puits et galeries de recherche et d'extraction. »

Après cet exposé préliminaire des principes généraux nous allons passer à la discussion des faits particuliers à l'enquête relative à notre projet.

CHAPITRE QUATRIÈME.

Des communes en amont de notre barrage.

L'exécution de notre projet formerait-elle en faveur de Nîmes UN PRIVILÉGE *sur les eaux du Gardon, contraire aux droits et usages des riverains supérieurs pour les irrigations et les usines futures ?*

I.

Lorsque, suivant le projet de M. Valz, on voulait prendre deux mille pouces d'eau dans le Gardon *au-dessus de Boucoiran ;*

Lorsque, par le projet Perrier, le barrage restant au même lieu, on demandait six mille pouces d'eau ;

Je conçois que toutes les communes riveraines du Gardon se soient émues, alarmées, et que les protestations les plus vives se soient élevées de toutes parts contre de pareilles idées.

J'ai cru rendre un service véritable aux villages qui étaient alors menacés dans leurs intérêts les plus sérieux, en combattant ces deux systèmes, en consacrant ma bourse, mes efforts et six années de ma vie pour empêcher leur réalisation, si imminente quand je me suis mis à l'œuvre.

Je crois avoir quelques droits à la reconnaissance de Boucoiran, de Cruviers, de Castelnau, de Brignon, de Nozières, de Moussac, de Sauzet, de Saint-Chaptes, de Saint-Geniès, de la Rouvière, de La Calmette, de Dions, de Russan, de Saint-Nicolas.

Quant à Cardet, Lézan, Massannes, Maruéjols, il doit leur être très-indifférent que le barrage de déviation soit placé à Ners ou à Collias ; cette déviation étant toujours en aval de leur territoire, ces communes n'avaient rien à y perdre, le débat leur était complètement étranger, elles devaient rester dans le silence.

Si donc les lieux que j'ai d'abord signalés, doivent s'applaudir du succès de mon travail opiniâtre, si ceux du paragraphe suivant sont sans aucun intérêt dans l'enquête relative à mon projet, à cause de leur position topographique en amont de toutes les dérivations proposées, — combien ne dois-je pas m'étonner de rencontrer dans le petit nombre de mes adversaires : Lézan, Cardet, Massannes, Cassagnoles, Maruéjols, que rien ne devait pousser sur ce terrain ;

Et Boucoiran, La Calmette, Dions qui ne devaient y paraitre que pour me soutenir.

Quoiqu'on sache maintenant quel est l'appel auquel MM. les maires et quelques habitans ont répondu sans y bien réfléchir, leur démarche n'en surprendra pas moins le public que l'autorité. En effet, M. le préfet Darcy regardait si bien ces communes comme sans intérêt dans l'affaire, qu'aucune n'est mentionnée dans son arrêté et n'a dû en recevoir une affiche.

Si l'administration avait cru qu'elles pussent être lésées, ne les aurait-elle pas prévenues ? aurait-elle attendu qu'elles le fussent par une provocation pseudonyme.

L'opinion que M. le préfet avait sur ces localités, je l'avais et je l'ai encore pour une commune riveraine placée dans une condition analogue, pour celle où je suis né, où se trouvent les propriétés de mon père, pour Anduze. Certes, je ne voudrais sacrifier à mes idées ni les intérêts de ma famille, ni ceux de mes concitoyens !

Et pourtant, *M. Michel-Vincens* a provoqué toutes les résistances depuis le Rhône jusqu'aux sources du Gardon, sous le prétexte d'usines et d'irrigations à venir ; si la plupart des maires ont été sourds à son appel, je ne m'en suis pas ému davantage, bien que, dans mon patrimoine, il ne s'agit pas de choses à créer, mais, ce qui est plus positif, d'usines en activité, d'irrigations existantes.

Anduze, Massillargues et trente autres communes ont partagé ma quiétude.

II.

Les quelques maires et propriétaires qui réclament, craignent que l'exécution du projet ne forme pour la ville de Nîmes un *privilége* sur les eaux du Gardon, contraire aux droits et usages des riverains supérieurs pour des irrigations et pour des usines futures.

Je cherche, en vain, à me faire une idée nette de ces appréhensions.

Une usine met à profit la force de l'eau, mais ne consomme pas l'eau elle-même, ou, du moins, n'en emploie qu'une quantité si minime qu'il n'y a pas lieu de s'en préoccuper.

Pour l'établissement d'une construction de ce genre, il faut une autorisation administrative qui règle les conditions d'élévation et de stabilité du barrage, et les points où l'eau doit être prise et rendue à la rivière.

Mais pense-t-on que tous les barrages possibles qu'on établirait depuis Cardet ou Lézan jusqu'à La Calmette et Dions, portassent le moindre préjudice au barrage pour Nimes, à construire à Collias ? Leur nombre et leur position seraient choses tout à fait indifférentes dans les communes qui réclament, et l'administration ne pourrait les prohiber que par caprice ou mauvais vouloir, ce qui est tout à fait inadmissible.

L'existence de la dérivation nimoise ne pourrait jamais servir ni de motif, ni de prétexte à de pareils empêchemens, car personne ne pense, qu'avec la pente torrentielle qu'a le Gardon, des barrages placés à plusieurs lieues d'intervalle pussent se nuire réciproquement ; or, on compte quatre lieues de Collias à Dions, et neuf lieues de Collias à Lézan, la plus voisine et la plus éloignée des communes dissidentes, par rapport au barrage projeté.

Que les riverains d'amont cessent donc de s'allarmer, et qu'ils s'accordent avec leurs voisins ; qu'ils adressent, quand bon leur semblera, des demandes a l'administration pour construire des usines : les oppositions ne leur viendront point de la ville de Nimes, car elles seraient dérisoires et, par suite sans effet.

III.

La question des irrigations présente-t-elle quelque chose de plus sérieux.

D'après la loi, — « celui dont le domaine borde » une eau courante (non dépendante du domaine » public), peut s'en servir à son passage pour l'irri» gation de ses propriétés.

» Celui dont cette eau traverse l'héritage peut » même en user dans l'intervalle qu'elle y parcourt, » mais à la charge de la rendre à son cours ordinaire » à la sortie de ses fonds ». (Code civil, art. 644).

Voilà, certes, un droit important ; mais qui donc cherche à en dépouiller les communes en amont de Collias ?

Si, depuis l'origine des choses, aucune n'en a usé, excepté Boucoiran, il y a, sans doute, quelque puissant obstacle, et l'on ne saurait dire que Nimes y fut pour rien.

Dans l'avenir, pourra-t-il donc former des oppositions efficaces ? je ne le pense pas. Si ces communes n'ont pas d'irrigations, c'est qu'elles n'ont pas voulu en faire la dépense ; c'est que les circonstances locales présentent de grandes difficultés, et je crains bien qu'il n'en soit longtemps ainsi , et que , pendant des siècles peut-être , ces *précieuses* irrigations ne restent qu'à l'état d'espérance.

L'intérêt public devant , en tout, primer l'intérêt privé , serait-il juste , serait-il raisonnable qu'une ville de soixante mille âmes manquât d'eau , sous ce prétexte que *peut-être un jour il plaira aux communes riveraines supérieures de penser à l'irrigation de quelques parcelles de leur territoire ?*

N'est pas là qu'on devrait voir un bien singulier *privilége*, qui , certainement , ne serait pas établi au profit de la ville de Nimes. Mais , tout anormal que paraîtrait un fait pareil, pourrait-on le colorer au moins de l'apparence du droit ?

« La loi autorise le riverain à se servir de l'eau à » son passage, à irriguer son fonds si cela lui plaît.. » Mais ici personne ne s'y oppose. Nimes n'élève pas une semblable prétention, ne réclame pas une faveur pareille ; ses Édiles n'ont jamais parlé d'imposer à cet égard des *servitudes* contraires au droit légal des riverains.

« Si l'eau traverse leur héritage , qu'ils en usent » dans l'intervalle qu'elle y parcourt, *mais à la charge* » *de la rendre à son cours ordinaire à la sortie de leur* » *fonds......* » Car c'est là que leur droit, que leur pouvoir expirent.

Ce qui se passe *en aval* ne les regarde plus; ils sont sans intérêt , et , partant , sans action. Et , cependant , cette action illicite, les réclamans veulent l'étendre sur la rivière à quatre, six , neuf lieues de leurs propriétés.... Ils veulent, sous les prétextes de droits qu'ils n'ont pas, d'usines que personne ne les empêchera de construire , — d'irrigations qui n'existeront probablement jamais , — ils veulent empêcher la ville de Nimes de se servir des eaux de la rivière , *de crainte de difficultés , de troubles futurs , — de peur qu'il ne s'établît un jour quelque privilége en sa faveur.....*

Mais ces riverains supérieurs ne commencent-ils pas par s'arroger un privilége bien grand , bien extraordinaire , celui de prétendre à la police et au règlement d'un cours d'eau à plusieurs lieues en aval de leurs fonds , en se substituant à l'administration et à la loi ?

IV.

Je sais bien que quand les eaux sont insuffisantes , que quand tous ceux qui y ont droit ne peuvent s'accorder sur leur emploi , les tribunaux prononcent , « en conciliant l'intérêt de l'agriculture avec le res- » pect dû à la propriété . — Je sais que les règlemens » particuliers et locaux sur le cours et l'usage des » eaux doivent être observés » ;

Et , des avertissemens contenus dans les lettres *Michel-Vincens* , on a peut-être induit ce qui suit :

» Tôt ou tard , a-t-on pensé, Nimes, peu satisfait » de sa fourniture première , en voudra augmenter » la quantité. Pour une plus grande masse d'eau à » monter , il faudra une force motrice plus considé- » rable que le Gardon ne pourra peut-être fournir

» qu'avec difficulté , et , pour obtenir l'action
» désirée, on nous dira à nous, riverains supé-
» rieurs : — Vos jouissances diminuent le volume
» d'eau d'aval , nous le trouvons mauvais, nous ne le
» voulons plus. Détruisez vos irrigations , renversez
» vos usines, afin que le Gardon , *tout le Gardon*, ar-
» rive sans obstacles et sans diminution jusqu'à Col-
» lias.... »

Voilà , sans doute , un énoncé clair et net , sans
détour et sans réticences ; voilà les pensées qui ne
seraient peut-être pas venues à l'esprit des opposans ,
mais que l'écrivain pseudonyme a cherché à leur
inspirer ; j'ai dû , moi , poser ainsi tout crûment la
question pour y répondre avec pleine franchise.

Les usines sont déjà hors du débat ; comme elles
ne pourront jamais nuire à la ville de Nimes, ses
Ediles n'auront jamais à s'en occuper.

Mais , s'il en était autrement pour les irrigations ,
si des prises d'eau agricoles nuisaient à l'alimentation
d'une ville aussi importante , trouverait-on abusif ,
injuste que , sauf indemnité , la puissance publique
sacrifiât quelques arpens de fourrages , de prés aux
besoins de soixante mille citoyens.........? Qu'on
appelât , si on le voulait , cet acte , injustice , ou
pririlége ; je n'y verrais que l'accomplissement d'un
devoir social.

Tant que quatre pouces d'eau ne fertiliseront qu'un
hectare de terrain et rendront agréable et salubre la
demeure de deux mille habitans , je demanderai sans
cesse , je réclamerai avec chaleur et conviction , que

tout emploi rural de l'eau soit subordonné à la fourniture convenable aux villes et aux populations agglo-
mérées.

C'est une dette sacrée et qui doit tout primer ; les
usines, l'irrigation ne seront jamais pour moi qu'en
seconde ligne, et je crois leur faire une place assez
belle encore......

Telle est ma réponse ; mais, toutefois, que les
communes en réclamation se rassurent ; leurs droits
et leurs désirs seront sauvegardés par la nature des
choses et des lieux.

V

Pendant leurs très-fortes crues, le Gardon et
l'Alzon réunis peuvent rouler plus de quatre mille
mètres par seconde ;

Pendant dix mois de l'année, leur débit oscille
entre six et quarante mètres cubes à Collias ;

Le débit n'est inférieur à six mètres cubes que pendant deux mois, même dans les années les plus arides.

Le 8 août 1856, M. l'Ingénieur Rousseau trouva
2 m. 897, soit 12,315 pouces au moulin de Lafoux ;

En 1859, année de la plus grande sécheresse connue, le débit, à Lafoux, était encore d'environ cinq
mètres cubes à la fin de juillet ;

Le 21 août, il était de 9,354 pouces en ce lieu, où,
à cause des filtrations sous les graviers, il y a toujours moins d'eau qu'à Collias ;

Le 1er septembre de la même année, il y avait encore plus de deux mètres cubes aux moulins de La foux. (Didion.)

La pluie survint peu de jours après.

En juillet 1845, époque où les eaux étaient fort basses, M. Surell trouva quatre mètres cubes à Lafoux (18,016 pouces).

En juillet 1847, Messieurs les ingénieurs Dombre et Ballon ont jaugé 7 mètres cubes (21,528 pouces) au Gardon et à l'Alzon réunis au-dessous de Collias.

Le 19 septembre, M. Poulon et moi nous trouvions 3 mètres cubes 500 au même point, soit 15,750 pouces ; et, comme pendant cette année extrémement aride c'était le moment du plus bas étiage , de mémoire d'homme on n'avait pas vu la rivière plus infime. Quinze jours après il pleuvait à torrens, car, le 5 octobre , nous subîmes une épouvantable inondation , désastreuse pour le pays , surtout sur le parcours du Gardon d'Anduze et de ses affluens.

Pendant dix mois de l'année, le Gardon roule donc une quantité d'eau surabondante pour tous les besoins et pour toutes les prétentions.

Les mois d'août et de septembre peuvent seuls préoccuper les riverains ; mais , on le voit , pendant ces deux mois du plus bas étiage , il y a toujours eu dans le Gardon et l'Alzon réunis , plus d'eau que la ville de Nîmes n'en demande , et cela dans les années de sécheresse les plus extraordinaires , à Lafoux , *et à plus forte raison* à Collias où le lit de la rivière est creusé dans le rocher.

Une fois que le Gouvernement aurait fixé la concession d'eau motrice, pour Nîmes, a 2 mètres cubes, pense-t-on qu'il serait facile à cette ville d'obtenir, plus tard, une concession supérieure ?

Et que pourrait-on raisonnablement défendre aux riverains de l'amont, alors que, pendant les derniers jours des sécheresses les plus extrêmes, lorsque la pluie est imminente (*les deux mètres cubes de la ville de Nîmes prélevés*), il resterait encore dans le lit du Gardon à Collias, un mètre cube 50, ou tout au moins un mètre cube d'eau *non dérivée*.

VI.

D'ailleurs, et c'est ici la plus grande garantie, si le Gardon marche, sans discontinuité, depuis ses sources jusqu'au Rhône pendant dix mois de l'année, il n'en est point ainsi au plus bas étiage. Alors la rivière tarit au-dessous de Boucoiran, il ne reste de l'eau que dans des creux et flaques disséminés, et son lit, jusqu'aux environs de Saint-Nicolas, n'est qu'une bande de graviers arides et brûlans.

Que peut demander Nîmes aux communes supérieures ? A quoi serviraient des prohibitions d'usages futurs, puisque aujourd'hui, qu'on n'emploie l'eau à rien, elle tarit au-dessous de Boucoiran et n'arrive pas plus bas. Gêner les riverains supérieurs dans l'usage d'une eau qui n'arriverait pas à Collias, ce ne serait pas user d'un droit, s'arroger un privilége, ce serait exercer une absurde tyrannie.

A l'étiage, qui est le seul moment où l'on peut concevoir un conflit d'intérêt entre les propriétaires du haut et du bas Gardon , la nature a rendu toute discussion impossible ; à cette époque , le Gardon est à sec sur un espace de trois lieues.

Les riverains supérieurs sont donc libres de faire tout ce qu'ils voudront depuis les sources jusqu'à la disparition..... Libres en droit , libres en fait , libres par l'état physique des choses et des lieux.

Mais , dira-t-on , les sources abondantes , les jets impétueux qui sortent des rochers à Saint-Nicolas, au moulin Labaume, ne sont autre chose que les eaux du Gardon supérieur, infiltrées à Moussac , et qui renaissent en ce point...c'est la rivière qui reparait après un cours souterrain de trois lieues....

Le fait me parait vraisemblable, toutefois avec certaines explications.

Comme , quand il n'y a plus dans le Gardon qu'un mètre cube d'eau *à Boucoiran* , il en surgit deux ou trois mètres cubes aux environs du moulin *Labaume* ou de *Saint-Nicolas* , il est évident qu'il y a plus que l'eau qui disparait à Moussac qui ressorte à trois lieues en aval.

Que cette eau y soit pour une part, c'est probable ; mais il en vient certainement d'ailleurs. — Pourquoi pas d'autres cours d'eau, affluens ou non du Gardon? — Pourquoi pas des infiltrations pluviales directes ? — De tout le cours du Gardon, les infiltrations commençant dans les parties les plus éloignées ; — Enfin , surtout, de ce courant souterrain, propre à toutes les rivières qui roulent sur un lit de gravier épais et profond? — Ce courant souterrain est, en été, souvent plus considérable que celui de la surface , mais on ne peut le voir, le saisir, ni le fixer : — surtout quánd , en dessous du gravier, la rivière peut s'introduire dans des roches fissurées comme le terrain néocomien. En 1859 (1) M. Perrier ne trouvait que 582 pouces d'eau dans le Gardon à l'entrée du canal Calvière, au-dessus de Boucoiran, tandis qu'il en trouvait 1177 pouces à mille mètres plus en amont, ce qu'il attribue à des infiltrations sous les graviers du thalweg, passant même sous les fondemens du barrage de Ners , et aussi à ce que l'eau s'engouffre dans des fissures des rochers de la rive droite. Il disparaissait ainsi près de 600 pouces d'eau en un seul point.

Des faits analogues se répètent probablement sur tout le cours de la rivière quand elle roule sur des terrains stratifiés ; il en est de même dans le lit des ruisseaux et torrens qui s'y réunissent.

Ignorant les secrets de ce monde souterrain, les points de disparition et de retour à la surface de ces eaux qui échappent, l'administration pourrait-elle, *à tout hasard*, défendre aux riverains supérieurs d'arroser leurs champs, *de peur que les surgeons de Saint-Nicolas ou du moulin Labaume ne pussent diminuer de volume ?*

Certes, ce serait de la prévoyance poussée bien loin ; la ville de Nimes ne demandera et n'obtiendrait jamais une faveur pareille.

Pour déroger à la justice et à la loi, il faut se trou-

(1) Le 2 septembre.

ver au moins dans un cas de nécessité fatale ; et pour que le remède qu'on veut opposer au mal soit accepté, il est indispensable de démontrer son efficacité avec la plus complète évidence.

VII.

Ainsi donc Cardet, Lézan, Massannes , Maruéjols, Ners, sont complètement sans intérêt, par leur emplacement, dans la réalisation de mes idées ;

Boucoiran, Dions, La Calmette gagnent, au contraire, à l'exécution de mon projet.

Que ces communes et celles qui sont dans les mêmes conditions topographiques ne s'y trompent pas : — *ce serait un très-faux calcul de leur part que de s'opposer à tout , pour que rien ne se fît.....*

Un projet s'exécutera : — Nimes veut de l'eau et ne peut plus s'en passer ; on est donc admissible à présenter des observations conservatrices de droits réels , mais nullement des oppositions *qui ne tendraient qu'à empêcher toute entreprise,* car on n'y parviendrait pas. — *Ne vaut-il pas mieux, pour vingt communes , que le Gardon soit dérivé à Collins plutôt qu'à Ners.*

C'est là toute la question.

Les propriétés supérieures au barrage ne perdront aucun de leurs droits : — les usines ne peuvent être prohibées, car elles ne nuiront en rien à l'entreprise nîmoise ; — pendant dix mois de l'année l'eau surabonde pour tous les riverains. — Ceux d'amont ne peuvent raisonnablement s'opposer à l'usage qu'on voudrait faire des eaux *en aval* de leurs fonds,

—mais ils sont, ils seront toujours libres chez eux, et leur droit de priorité ne court aucun danger, pour les irrigations comme pour toute autre chose.

Sans doute, si un intérêt public très-grave, si un besoin général légalement constaté étaient incompatibles avec cette faculté d'irrigation, la puissance publique devrait en exiger le sacrifice, après juste et préalable indemnité.

Mais les irrigations n'exitent pas ; — mais rien n'annonce qu'on se dispose à les entreprendre ; — de grandes difficultés s'y opposent. En supposant, toutefois qu'on les réalise un jour, il y a dans le Gardon de l'eau pour tous les emplois, pour tous les besoins, pour tout le monde.

Nimes demande deux mètres cubes d'eau; il y en a moyennement, à Collias, de cinq à dix pendant dix mois; de trois à quatre pendant un mois, et toujours aux environs de trois à l'extrême étiage dans les années les plus arides les plus sèches ; et, quand la rivière est arrivée à cet état insolite d'abaissement, la pluie et les inondations ne tardent pas à survenir.

Cet état infime ne reparait pas une fois tous les dix ans, et ne dure pas quinze jours chaque fois.

Nimes trouvera donc constamment à Collias l'eau qui lui est nécessaire ; et si, ce qui n'est pas probable, cette ville voulait doubler le volume de sa fourniture, elle le pourrait encore, sauf peut-être pendant quinze jours tous les dix ans.

On voit donc qu'on n'a nul besoin de recourir à des

inhibitions illégales et oppressives envers les riverains supérieurs.

Mais, quand quelqu'un aurait une pareille idée, l'état particulier de la rivière rendrait la chose déraisonnable, puisqu'elle cesse de couler à Moussac aux étiages extrêmes, — et qu'on ignore d'où viennent les eaux qui, pendant ce temps sourdent des rochers de Saint-Nicolas et du moulin Labaume, plus fraiches, plus limpides, *et surtout plus abondantes* que celles du Gardon supérieur : — véritables eaux de source, salubres et bien précieuses pour l'approvisionnement d'une cité.

Pour jouir de ces eaux qui surgissent avec une abondance surprenante dans une vallée profonde, rocheuse et déserte (1), aura-t-on besoin de gêner ou de proscrire le droit d'irrigation sur le Gardon supérieur à plusieurs lieues de distance : je ne saurais le croire. Les petits moyens, les faibles efforts de l'homme ne troublent guère la nature dans ses grandes et généreuses dispensations.

Anduze, le 6 mai 1848.

(1) *Voyez* la description de cette vallée dans le tome 1er de mes *Recherches sur les Eaux*, pages 580 à 597.

CHAPITRE CINQUIÈME.

—

*Oppositions de la commune de Collias, sur laquelle
le barrage doit être établi.*

Les motifs d'opposition fournis par la Commission
municipale de Collias, sont nombreux et variés.

Il ne s'agit de rien moins que de la salubrité publique, des intérêts de l'agriculture, de la conservation des maisons, des propriétés, des chemins,
des usines, des droits de pêche, de l'altération des
eaux.....

Nous allons passer rapidement tous ces griefs en
revue; on verra combien ils s'atténuent par l'étude
des objets à leur point de vue véritable, et non sous
l'influence des préventions les plus exagérées, tradi-
tionnelles du reste dans cette localité, aussi effrayée
des projets Valz et Perrier que du nôtre, — c'est-à-
dire, redoutant au même degré une dérivation en
amont qu'en aval du village ; ce qui me paraît pourtant différer de beaucoup.

Salubrité. — Mon projet détruirait, dit-on, la
salubrité du pays qui ne serait plus qu'une vaste in-
firmerie. Pourquoi? Parce qu'en amont du barrage
les eaux du Gardon seraient relevées en nappe, et

qu'en aval, les deux tiers, à l'extrême étiage, seraient introduits dans le canal d'amenée....

Mais le barrage pour Nîmes ne ferait pas autre chose, ne produirait pas des effets différens de ceux de tous les moulins du Gardon qui n'infectent ni Anduze, ni Alais, ni les Tavernes, ni Boucoiran, ni Saint-Privat, ni Remoulins, ni Lafoux.

Deux moulins, aux extrémités opposées d'un barrage unique, existaient même autrefois à Collias, bien plus près du village que ne sera notre prise d'eau ; le bassin de retenue était à peu près pareil. Ces moulins ont subsisté plusieurs siècles, et nous ne sachions pas que, pour cela, les habitans du village aient été obligés de le déserter.

Tout récemment la prise d'eau en avait été un peu réparée pour une scierie de marbre.

Enfin, ce qui doit juger la question, — c'est qu'un des motifs d'opposition de Collias aux projets Valz et Perrier, *c'était l'intérêt qu'avait la commune à rétablir son ancien moulin sur le Gardon.* Un barrage pareil à celui que nous voulons construire n'était donc pas alors regardé comme un fléau !...

Chacun connaît la pureté des eaux du Gardon dans ce quartier, et leur fraîcheur lorsqu'elles jaillissent des montagnes de Labaume. On sait que, depuis leur émergence jusqu'à Collias, elles ne roulent que sur un fond de roc ou de gravier ; que les collines les resserrent dans un canal étroit, et l'on devrait comprendre qu'un barrage, qui n'a pour but que de les relever, de les rehausser, et nullement de les accumuler , de retarder leur cours , ne peut nuire en rien à leurs excellentes qualités.

Si nous avons pu rassurer sur la qualité des eaux d'amont , il ne sera pas plus difficile de le faire pour celles de l'aval.

Ici notre entreprise a pour résultat de diminuer la quantité , car nous détournerons deux mètres cubes d'eau de leur cours naturel pour les jeter dans notre canal d'amenée.

Cette soustraction sera évidemment sans importance pendant dix mois de l'an , car , en dehors même des temps de crue , le Gardon seul roule de quarante à dix mètres cubes d'eau. En juillet et en août, ou bien en août et septembre , suivant les années, l'étiage extrême arrive. Alors le Gardon et l'Alzon réunis peuvent ne débiter que trois mètres cubes d'eau , et si l'on en jette deux dans le canal souterrain , il n'en restera qu'un dans la rivière. — C'est là le moment qui effraie le rédacteur de la protestation.

Quant à moi , je ne crois à aucun danger.

D'abord , suivant le projet , la tête du canal d'amenée se trouve à sept cents mètres environ en aval des maisons du village les plus voisines , et l'appauvrissement de la rivière ne commencera que là. Puis, avec un courant d'un mètre cube d'eau , le territoire de Collias ne serait pas plus exposé à des émanations dangereuses que ne le sont Alais , Anduze , Saint-Jean , Lasalle, toutes les villes , tous les villages riverains depuis Saint-Nicolas jusqu'aux sources diverses de notre rivière, car, à l'étiage, tous ces lieux habités ne voient pas couler plus d'un mètre cube d'eau sous leurs murs, et la plupart en ont beaucoup moins.

Le confluent du Gardon et de l'Alzon est le seul endroit où se trouvent trois mètres cubes d'eau pendant les grandes sécheresses ; c'est le seul où l'on puisse en prendre deux sans inconvénient ; et, quand même on dériverait tout en ce point , le pays n'en souffrirait pas , car , de ce confluent jusqu'au Pont-du-Gard , le cours d'eau ne traverse qu'une gorge déserte , et, nous le répétons , notre prise d'eau se trouve à sept cents mètres en aval de Collias. Ce village sera donc toujours entre deux rivières comme par le passé, sans diminution de volume d'eau sous ses murs. Quant au niveau du Gardon , il sera le même, à peu près, que celui qui était fixé par l'ancien moulin dont on désire le rétablissement , sans redouter « *la marre stagnante* , *croupissante, infecte....* » qui résulterait , je ne comprends pas pourquoi , du nouveau barrage et non de l'ancien.....

Passons *aux intéréts immenses de l'agriculture de Collias.*

Je ne puis vraiment comprendre comment ils seraient compromis.

Le Gardon profondément encaissé dans les rochers, l'Alzon accaparé par les moulins Jolyclerc et Perrochel , ne sont employés à des irrigations d'aucune espèce. Je ne trouve rien de précis dans la protestation , si ce n'est cette plainte : — « On abreuve au » Gardon les bêtes de somme et les bêtes à laine ; où » les mènera-t-on ? Au lieu d'une eau claire et lim-

» pide , ces pauvres animaux ne trouveront qu'une
» eau délétère..... » Je réponds : — Ces pauvres animaux boiront encore de l'eau claire et limpide du
Gardon , car nous prolongeons de sept cents mètres
en aval le beau bassin que le barrage de l'ancien
moulin formait à côté du village ; nous en relevons
les eaux d'un mètre ; nous le rendons, par conséquent,
plus grand , plus commode et mieux à la portée de ces
intéressans animaux , qui auront désormais un admirable abreuvoir en amont de notre retenue.

Submersion des maisons et des propriétés. — Cette
objection serait grave si elle avait quelque fondement.
Or , à droite et à gauche du Gardon , à la hauteur de
notre barrage et bien au-dessus, il n'y a que des rochers
improductifs. A peine si quelques bandes de terrain
sans valeur pourront être submergées aux bords de
l'Alzon , depuis son confluent jusqu'au moulin Jolyclerc.

Les craintes des réclamans tiennent à deux erreurs
capitales. En premier lieu , ils s'imaginent que , pour
avoir une chute d'eau de 8 à 10 mètres au Pont-
du-Gard , il faut à Collias élever le barrage d'autant
au-dessus du niveau actuel de l'eau , — chose complètement fausse. A l'étiage , le barrage ne relèvera les
eaux du Gardon que de 4 mètres 65 centimètres , et
produira cependant au Pont-du-Gard une chute de
9 mètres.

En second lieu , de ce que la surface de l'eau à
l'étiage se trouvera relevée de 4 mètres 65 centimètres
à Collias après la construction de notre barrage, il ne

s'ensuit pas que les crues du Gardon doivent s'élever
à 4 mètres 63 centimètres plus haut qu'elles ne le
faisaient auparavant. Deux raisons s'y opposent :
d'abord , à mesure qu'on s'élève la vallée s'élargit ,
le débouché pour l'eau augmente , et comme la hauteur de la surface dépend , à la fois , de la quantité
d'eau et de la largeur du passage , on conçoit très-
bien qu'à débit égal , si la largeur est double, la hauteur de la masse sera beaucoup moindre.

De plus, quand il n'existe pas de barrage , l'eau se
meut avec la vitesse qui résulte de la pente du sol ;
mais , quand un barrage est établi , l'eau prend une
vitesse beaucoup plus grande en chutant , ce qui diminue d'autant sa hauteur sur le barrage et à une
certaine distance en amont. De ces deux circonstances
réunies il résulte qu'un barrage qui relèvera les eaux
d'étiage de 4 mètres 63 centimètres , ne relèvera pas
de plus d'un mètre la ligne de flottaison dans les
grandes crues. C'est là dessus qu'il faut se régler pour
la submersion prétendue des maisons et des propriétés, et l'on verra qu'on n'a rien à craindre.

Quant à *l'interruption du chemin principal* , s'il en
était ainsi, on n'aurait qu'à rehausser le pont, ce qui
ne serait ni long, ni difficile , ni coûteux ; mais on
adoptera probablement , comme je le dirai tout-à-
l'heure , un emplacement pour le barrage, qui mettra
ce point de la route à l'abri de toute submersion.

Après tout ce qui vient d'être discuté , *le droit de
pêche, l'altération des eaux* ne me paraissent pas des
objections sérieuses.

8

La pêche n'est certainement pas d'un grand profit pour la commune.

Elle pourra se faire en amont de Collias comme par le passé.

Au droit du village, on pourra s'y livrer dans le bassin magnifique que le barrage produira (1).

Et, quant à l'aval, si la rivière est amoindrie, la différence ne sera sensible, tout au plus, que pendant deux mois de l'année. Serait-il facile de prouver, d'ailleurs, qu'il y aura moins de poissons dans un courant momentanément réduit à un mètre cube d'eau, que dans celui qui en roulait trois mètres ? Dans tous les cas, on pêcherait plus aisément celui qui s'y trouverait.

La question de la *qualité des eaux* a été jugée en même temps que celle de la salubrité du pays ; elles sont corélatives et je ne pourrais que me répéter.

Il ne reste enfin que la *question des usines*, c'est-à-dire, du moulin *Jolyclerc* et du moulin *Perrochel* ou *Mazoyer* ; — il n'en existe pas d'autres dans la commune. Nous allons nous en ocucper très-sérieusement, car elle intéresse, nous affirme-t-on, non-seulement Collias, mais les contrées environnantes.

Pour la trituration des olives, la force hydraulique ne manquera jamais. L'eau surabonde, aux mois de novembre et décembre, au Gard comme à l'Alzon ;

(1) Les barrages portent le nom de *Peïssières* dans nos pays, à cause de la quantité de poissons qui se trouvent en amont et en aval.

les usines de Lafoux, de St-Privat, de St-Maximin et d'Uzès resteront sur pied, et, s'il y a convenance, et partant bénéfice, à créer des meules et des presses nouvelles pour la préparation de l'huile, qu'on soit sans inquiétude, les usines ne feront pas défaut, quand le besoin s'en fera sentir, là où la force motrice existant, son emploi serait facile et lucratif.

Il y a plus : — comme à la fin de l'automne le Gardon débite toujours beaucoup plus des deux mètres cubes d'eau réclamés par la ville de Nimes, on n'aura nul besoin de recourir à l'Alzon, et rien n'empêcherait de laisser fonctionner sur cette dernière rivière les deux huileries que Collias s'applaudit si vivement de posséder. Seulement, comme Nimes en aurait fait l'acquisition, ce serait lui qui les exploiterait au lieu et place des propriétaires actuels, mais la commune de Collias n'en serait nullement lésée.

Passons *aux moulins à blé* :

Pendant dix mois aussi, St-Privat, Lafoux, Labaume et les moulins de Sagriès, d'Uzès et de Saint-Maximin suffisent, et au-delà, aux besoins de la contrée, et se plaignent plutôt d'un chômage onéreux que d'un excès de travail.

L'encombrement n'est possible qu'à l'étiage extrème et encore à de longs intervalles d'années, surtout depuis la fondation et le développement commercial des minoteries d'Arles, de Toulouse, de Moissac ; c'est une chose que je ne sais que trop bien, avec tous les propriétaires des moulins à farine du pays, dont l'importance s'est singulièrement amoindrie.

Mais enfin, en supposant un moment de pénurie d'eau et de mouture, — que peut offrir Collias à ses habitans et à ceux des villages voisins dans ses usines prônées si haut? Il y existe deux moulins sur l'Alzon, *Jolyclerc* et *Perrochel*, et ce cours d'eau, à son plus extrême étiage peut s'amoindrir jusqu'à ne débiter que 800 pouces et même 600 pouces d'eau (1). Ce débit, qui équivaut à 185 litres ou 139 seulement par seconde, multiplié par cinq mètres, hauteur de la chute agglomérée des deux moulins, représente une puissance de 925, ou de 695 kilogrammètres par seconde. Voilà toute la force dont on peut disposer dans l'état actuel des choses et aux époques où l'action de ces moulins aurait le plus grand prix.

Or, quand la prise d'eau pour Nimes sera construite, — si le barrage est fait en aval du confluent, et si l'on admet que le débit des deux rivières réunies soit au moins de trois mètres cubes : — comme la ville de Nimes n'en prendra que deux, il en restera toujours un, chutant du haut de son barrage, c'est-à-dire de 4^m 60. On aura donc, pour l'expression de la force à utiliser, 1,000 litres par seconde $\times 4^m$ 60, ou 4,600 kilogrammètres.

La moyenne des deux puissances que nous avons mentionnées pour les moulins *Perrochel* et *Jolyclerc*, ablottées pendant les plus grandes sécheresses, étant

(1) Jaugeages de MM. les Ingénieurs Rousseau et Perrier, de 1836 et de 1839.

de 810 kilogrammètres seulement, la force nouvelle sera cinq fois et demie plus considérable.

Pense-t-on que la ville de Nimes puisse négliger ses intérêts au point de la laisser sans emploi, et que, si la création d'un moulin à blé est réellement un besoin de la contrée, ce moulin ne se fera pas pour remplacer ceux de Perrochel et de Jolyclerc ; et Collias perdra-t-il au change quand il aura une usine cinq fois et demie plus forte que les anciennes, et pouvant, par le perfectionnement des procédés nouveaux, faire dix fois plus d'ouvrage que les constructions surannées sur lesquelles on se lamente ?

Certes, Nimes n'aurait garde de perdre une occasion si favorable de se récupérer d'une portion de ses dépenses.

Je ne vois nul avantage à ce que propose la Commission municipale de Collias, qui serait de porter le barrage projeté jusqu'en amont du village ; il n'y aurait, toutefois, d'autre inconvénient qu'une dépense plus forte pour le canal d'amenée qu'il faudrait prolonger.

Mais, après mûre réflexion, je trouverais utile de construire ce barrage en travers du Gardon *seul*, immédiatement *au-dessus* de son confluent avec l'Alzon, au lieu de le bâtir *en-dessous*.

De ce barrage, ainsi placé, *l'eau du Gardon* serait conduite vers les machines, en traversant l'Alzon sur le pont qui existe, et au-dessous de la route qu'on relèverait.

Quant à l'eau de l'Alzon, elle serait prise sur le

barrage du moulin Jolyclerc et conduite ainsi à la rencontre de l'eau dérivée du Gardon.

La réunion des canaux venant de l'ancien et du nouveau barrage, des eaux du Gard et de l'Alzon, formerait le canal d'amenée, qui n'avait qu'une seule origine dans le précédent système, et qui en aurait deux maintenant.

Ce changement, que j'ai déjà proposé ailleurs (1), aurait l'avantage :

1° Que le barrage nouveau n'aurait à soutenir que les efforts du Gardon et non ceux des deux rivières réunies ;

2° Que, quand l'eau du Gardon serait trouble et limoneuse, on n'introduirait dans le canal d'amenée que celle de l'Alzon ;

3° Qu'il en serait de même quand l'eau de l'Alzon serait impotable à la suite d'un débordement ou par son trop bas étiage, alors on ne dirigerait vers les machines que la seule eau du Gardon ;

4° Que les usines Jolyclerc et Perrochel ne seraient point détruites ; qu'elles resteraient dans l'état où elles se trouvent ; — qu'aux mois de novembre et décembre elles fonctionneraient sans inconvénient pour la récolte des olives ; — et qu'à l'étiage elles pourraient encore fonctionner, comme par le passé, pour la mouture du grain, — le Gardon fournissant, même alors, plus des deux mètres cubes nécessaires au service de Nimes, en eaux pures, limpides, fraîches et salubres.

(1) T. ii, p. 581.

Ce qui , dans le Gardon , dépasserait les deux mètres cubes pourrrait être épanché dans le bief supérieur du moulin Jolyclerc , et se rendre de là au moulin Perrochel , après avoir augmenté ainsi , au profit de la localité , la force de ces deux usines.

Telle est la réponse sommaire, et je crois suffisante, que je puis adresser aux réclamations multiples de la commune de Collias ;

Tel est le changement de position que j'avais déjà proposé pour mon barrage et qui me paraît de plus en plus avantageux pour les intérêts de la localité et pour fournir à Nimes des eaux irréprochables (1).

(1) *Voy.* t. II de cet ouvrage, p. 581.

CHAPITRE SIXIÈME,

Opposition des Communes inférieures au barrage.

De toutes les oppositions formulées contre mon projet, celles des communes situées en aval de Collias me paraissent les moins fondées. En effet, à leur égard, il n'est pas question de détourner pendant l'étiage la majeure partie des eaux du Gardon, mais *seulement une fraction très minime.*

Elles ne peuvent concevoir aucune crainte raisonnable sur une inhibition future d'établir, si elles le désirent, des moulins, des usines, des canaux d'arrosage.

Nimes ne détournera deux mètres cubes d'eau prise à la rivière, que depuis Collias jusqu'au Pont-du-Gard, — c'est-à-dire, sur un espace de quatre mille mètres seulement, et dans une gorge rocheuse, déserte, où ce liquide ne peut être utile qu'au seul propriétaire du moulin de St-Privat. Sur deux mètres cubes d'eau détournée, c'est-à-dire, sur 8,640 pouces les machines n'en éleveront que 800 dans l'aqueduc antique, et 7,840 pouces, *plus des neuf dixièmes, seront rendus à leurs cours naturel*, au pied du pont romain, pour les communes d'aval.

Ce n'est pas tout, les deux mètres cubes versés à

Collias dans le canal d'amenée, pour être dirigés sur les machines, ne constituent, pendant dix mois de l'année, qu'une portion très-faible du débit de la rivière, et les huit cents pouces d'eau à diriger sur Nimes, comparés à la masse totale, n'en seraient qu'une fraction peu sensible.

Mais, à l'étiage même, le canal d'amenée ne détournera pas tout le liquide ; il en restera toujours un mètre cube dans le lit de la rivière, de sorte qu'on verra se réunir au Pont-du-Gard, pour les communes inférieures :

L'eau motrice des machines, conduite par le canal d'amenée, ci. . . . .   8,640 pouces.

L'eau qui avait été laissée dans le lit du Gardon.   4,320
                                                          ————————
                                                          12,960 pouces.

Dont il ne faut distraire que la quantité dirigée sur Nimes, ci   800

C'est-à-dire, un seizième de la masse totale ; et les communes riveraines inférieures jouiront encore
                                                          ————————
à l'époque des plus basses eaux, de 12,160 pouces.

C'est-à-dire, de plus des quinze seizièmes du tout.

Comment penser, dans cet état de choses, qu'en aval de nos machines on soit exposé : *à voir les puits tarir*, à voir cesser dans les propriétés *les infiltrations utiles à la végétation*, — *à voir diminuer la rosée, et le Gardon devenir un marais infect et putride ?*

Certainement, on ne peut excuser ou comprendre

de pareilles exagérations , des plaintes aussi peu rai-
sonnables , qu'en supposant que notre projet n'était
nullement connu des réclamans , et qu'ayant entendu
vaguement parler de *prise d'eau sur le Gardon* , et
sous l'excitation des avertissemens intéressés dont
l'origine est bien connue, on a puisé à la hâte dans
les archives municipales, et taillé une opposition nouvelle sur le modèle des anciennes oppositions.

Aussi , sur dix à douze communes, riveraines du
Gardon en aval de notre barrage, deux seules ont-
elles réclamé , *Comps* et *Montfrin* ; — et ce sont les
plus éloignées , celles que leur voisinage du Rhône
expose le moins à manquer d'eau potable , de rosée ,
et d'infiltrations au travers des terres.

Toutefois , si le Gardon seul les préoccupe , nous
pensons que les quinze seizièmes de son courant actuel seront un lot suffisant pour deux territoires qui
confinent au Rhône , et que , DE LA PART DE L'ADMI-
NISTRATION, il n'y aura ni violation de droit naturel, ni
injustice , ni abus, en concédant un seizième du débit,
non pas de toute l'année , mais de l'époque où il est
le plus faible , en accordant huit cents pouces d'eau
sur treize mille , à une ville de soixante mille âmes
qui n'a ni fleuve , ni rivière dans son voisinage , et
dont la source unique qui naît dans son enceinte, ne
peut plus aujourd'hui satisfaire les besoins.

Loin d'être arbitraire ou léonin, ce règlement
d'eau serait au contraire basé sur l'équité et la justice, et c'est pour que de pareils actes de haute bien-
faisance soient possibles à l'encontre des prétentions

de l'intérêt privé, que la puissance publique s'est réservé le droit suprême d'administration , de règlement et de partage sur les cours d'eau.

Lorsqu'en 1840 , l'enquête administrative fut ouverte sur le projet Perrier , on n'entendit pas seulement Comps et Montfrin réclamer parmi les communes inférieures à son barrage ; toutes protestèrent
à la fois...

C'est qu'alors elles pouvaient croire leur avenir me-
nacé , et faire parvenir leurs plaintes à qui de droit.

En effet , suivant ce projet , un barrage établi à
Ners interceptait toutes les eaux de la rivière en été ,
pour les diriger sur Nimes par une rigole à pente ,
sans en restituer la moindre parcelle en chemin.

Toutes les communes devaient s'émouvoir.

Pour calmer celles qui étaient en amont de Saint-
Nicolas, il fallut promettre à chacune des abreuvoirs,
des lavoirs , des fontaines , *à construire aux frais de
la ville de Nimes* , et dont l'eau serait prise au canal
de dérivation.

Pour les communes en aval de St-Nicolas , on s'ef-
força de les persuader qu'elles recevraient encore une
quantité d'eau suffisante quand même on intercep-
terait tout le Gardon supérieur , attendu que le Gardon inférieur, qui renaît par les sources de Sanilhac ,
du moulin Labaume, et l'eau qui arrive par l'Alzon ,
devraient toujours leur suffire (1).

(1) « Le volume des eaux du Gardon , à *Remoulins* , était, le
» 9 août 1839, d'environ treize mille pouces , tandis que celui

Malgré ces assurances, toutes ces communes persistèrent dans leurs oppositions que je crois fondées.

En effet, j'admets bien que la masse d'eau qui surgit aux environs du moulin Labaume, et qui, à l'étiage, *est plus considérable que le Gardon supérieur qui se perd à Moussac*, a par conséquent des origines multiples ; — mais je n'en admets pas moins que le Gardon supérieur entre pour beaucoup dans l'existence des sources de Labaume, et je crois que, s'il avait été possible d'introduire à Boucoiran six mille pouces d'eau pour Nimes dans le canal Calvière, le Gardon inférieur, à sa renaissance, aurait diminué d'un bon tiers.

Ces circonstances expliquent l'unanimité des plaintes que les mêmes communes avaient fait entendre quelques années auparavant contre le projet Valz, et qui furent répétées avec plus de vivacité et de raison contre le projet Perrier, qui demandait la dérivation la plus considérable.

Le rapporteur de la seconde commission d'enquête nous a donné une analyse fidèle et animée de ces protestations, la voici : (1)

« Le cours du Gardon qui traverse ou baigne nos

» trouvé à *Ners* n'était que de six mille pouces. »

Perrier, — *Observations sur les oppositions des communes riveraines*, présentées à la commission d'enquête, le 13 avril 1840.

(1) *Avis de la Commission d'enquête sur le projet Perrier*, rédigé, du 14 au 23 avril 1840, par M. Félix de Lafarelle, secrétaire.

» territoires est un bienfait de la Providence qui n'est
» pas sans inconvéniens, bien s'en faut ; presque
» chaque année, des inondations viennent au prin-
» temps et surtout en automne, couvrir et ravager
» nos champs ; si vous nous enlevez le petit cours
» d'eau qui nous reste pendant l'étiage, les maux si
» énormes et si souvent renouvelés produits par ces
» débordemens, vont se trouver sans aucune com-
» pensation. Plus de fraîcheur dans l'air pour amor-
» tir les chaleurs brûlantes de l'été et défendre notre
» végétation contre une sécheresse corrosive ; plus
» de ces infiltrations bienfaisantes qui s'étendent au-
» dessous de nos plantations pour les ranimer et les
» conserver ; au lieu d'un cours d'eau vivifiant,
» source de prospérité et de santé, nous n'avons plus
» à nos portes qu'une série de flaques stagnantes, ou
» un filet d'eau verdâtre dont les exhalaisons vont
» corrompre l'air que nous respirons ; de là, les mias-
» mes dangereux dont les fièvres épidémiques seront
» la conséquence inévitable ; plus d'irrigations possi-
» bles, même par suite d'un simple abaissement de
» niveau, pour nos jardins potagers l'une de nos
» principales ressources alimentaires ; plus de possi-
» bilité de conservation pour ces nombreuses usines,
» moulins à blé, moulins à huile qui constituent éga-
» lement l'une de nos richesses, ou plutôt, l'un de
» nos principaux moyens d'existence.

  » Vous parlez de réparer, par des indemnités, le
» dommage que vous occasionnerez ; mais sont-ce là
» des dommages pécuniairement réparables ?

» Que pouvez-vous donc nous donner à la place de
» notre Gardon, et nous disons *notre* avec toute con-
» fiance , car il est bien à *nous.*

» La Providence nous l'avait donné , et la loi est
» venue consacrer cette appropriation. Qui ne sait
» qu'aux termes de la législation actuelle , les cours
» d'eau , non navigables et flottables (car le Gardon
» n'a été déclaré tel qu'à partir des écluses de Remou-
» lins , par l'ordonnance du 10 juillet 1855), sont la
» propriété exclusive des riverains ?

» Eux seuls peuvent en disposer , et ne dussent-ils
» perdre que leur droit de pêche , cela suffirait pour
» que cette propriété se trouvât méconnue et violée.
» Si M. de Calvière a un droit de prise d'eau sur el
» Gardon pour l'usage de ses moulins , c'est à l'ex-
» presse condition de la rendre à son cours naturel
» après l'avoir fait servir à ses usines et à ses irriga-
» tions.

» En vendant la fuite de son canal, il vendrait
» donc ce qui ne lui appartient pas ; il disposerait
» de ce que la nature et la loi ont , d'un commun ac-
» cord , attribué à nous tous propriétaires riverains
» inférieurs... »

Ayant un avis à donner , M. le sous-préfet d'Uzès
opina , *malgré ces observations, pour l'adoption du
projet*; seulement, il réserva « la condition d'une
» indemnité contradictoirement réglée en faveur des
» communes riveraines du Gardon inférieur , *dans le
» cas où des recherches et des expériences démontre-
» raient que la dérivation des eaux du canal Cal-*

« rière diminuerait , au préjudice de ces communes et
« des propriétaires riverains, le volume des eaux cons-
» tituant le cours inferieur du Gardon... »

Pour sauvegarder son système , M. Perrier soute-
nait : — « Que les communes inférieures à St-Nicolas
» étaient évidemment sans intérêt dans une dériva-
» tion qui aurait lieu à Ners, puisque *malgré la séche-
» resse affreuse de 1839 ,—il y avait eu constamment
» une grande abondance d'eau dans la partie du Gar-
» don qui les baigne*, abondance à laquelle le Gardon
« supérieur était , par conséquent , tout-à-fait étran-
» ger..... »

Quelques années auparavant, la commission d'enquête du projet Valz, sur le rapport d'une sous-commission d'hommes spéciaux , composée de MM. Plagniol, Rousseau et Perrier lui-même , avait décidé :
« Que , *pendant le bas étiage* , les eaux formant le
» cours du Gardon en aval du Pont de St-Nicolas ,
» proviennent , *en très-grande partie* , des sources
» voisines de ce lieu , de celles de Sagriès et de l'Al-
» zon, et que l'interception des eaux du canal Cal-
» vière *ne diminuerait que bien peu le volume donné
» par les jaugeages faits à Lafoux et autres points
» inférieurs aux sources sus-mentionnées...* »

La question des infiltrations et des rosées fut aussi
soulevée à cette époque, et la sous-commission d'examen du projet Valz conclut : — « D'après les expé-
» riences, aussi nombreuses qu'exactes , auxquelles
» elle s'est livrée sur plusieurs points du cours du
» Gardon , et notamment en amont d'Alais , que ces

» infiltrations formant une sorte de nappe souterraine
» existent réellement à travers les graviers sur lesquels
» repose la terre végétale des fonds riverains formés
» par alluvion ; mais qu'à raison de la profondeur de
» cette nappe, qui est au moins de deux à quatre
» mètres au-dessous du sol, elle ne peut avoir quelque
» influence qu'au profit des arbres à racines profondes
» et nullement au profit de tous les végétaux à courte
» racine ; qu'ils admettraient plus volontiers que les
» flaques d'eau appelées *Gourds*, favorisent jusqu'à
» un certain point la végétation par l'aliment qu'elles
» fournissent à d'abondantes rosées pendant tout le
» cours de l'été......

» La commission estime, en conséquence, que les
» *réclamations des communes inférieures au Pont de*
» *St-Nicolas, ne sont nullement fondées.* » (Enquête
de 1836.)

Dans l'enquête de 1840, M. Perrier, pour défendre son propre projet, reprend la question des infiltrations de la rivière et soutient : — « Que la dérivation pour Nimes (six mille pouces d'eau), ne peut
» nuire aux propriétés riveraines ; — que la nappe
» d'eau souterraine est due aux afflens des collines
» qui encaissent la vallée et aux inondations de la ri-
» vière ; qu'elle ne s'alimente, en un mot, *que par*
» *des infiltrations de haut en bas*, à travers la terre
» végétale et les graviers, infiltrations arrêtées et
» transformées en nappe par la roche qui se trouve
» au dessous. — Que, dans tous les cas, les graviers,
» alors même que les infiltrations ne se renouvelle-

» raient pas pendant l'étiage , conserveraient certai-
» nement pour tout cet intervalle de temps une humi-
» dité bien suffisante aux besoins de la végétation. »

Après avoir délibéré sur tout ce qui précède, la commission regarde comme suffisamment établi :

« *Que la disette d'eau ne se fait jamais sentir dans*
» *cette partie du cours du Gardon principalement*
» *alimentée par de nouvelles et abondantes sources*, —
» celles de Sanilhac , de St-Nicolas , et par plusieurs
» affluens tels que les rivières d'Eure et de Seynes
» (Alzon) ;—que, dans tous les cas, le Gardon supé-
» rieur n'entre que pour une faible portion dans le
» volume d'eau signalé sur ces points par tous les jau-
» geages opérés à diverses époques , et surtout par
» ceux effectués pendant le dernier étiage (1). —
» *Elle estime donc que les plaintes et réclamations des*
» *communes inférieures ne sont pas fondées et doivent*
» *être rejetées*, sauf la réserve , surabondante du
» reste , des actions judiciaires qui pourraient com-
» péter aux propriétaires d'usines , s'il était posté-
» rieurement constaté que leurs intérêts matériels ,
» fondés sur des droits légalement acquis , sont lésés
» par une diminution de volume , fruit de la dévia-
» tion opérée...... »

(1) « En adoptant mon jaugeage, on en conclut qu'il y avait , en 1839, dix fois plus d'eau à Remoulins qu'à Ners.

» En adoptant celui de M. Didion , il y en aurait vingt fois plus..... » — *Observations* de M. l'Ingénieur Perrier, *sur les ré-clamations des communes riveraines*, présentées à MM. les Membres de la Commission d'enquête, le 13 avril 1840.

Dans les réclamations des nombreuses communes situées en aval des barrages Valz et Perrier , on a pu remarquer les mêmes exagérations que dans les plaintes des deux seules localités qui ont élevé la voix contre mon projet.

Les deux commissions de 1836 et de 1840 ont peut-être décidé avec trop de hardiesse toutes les questions soulevées ; mais il n'en est pas moins constant que les prétentions des communes inférieures ont été deux fois mises complètement à néant , alors que leurs griefs étaient , si ce n'est plus solides , au moins beaucoup plus spécieux que dans les circonstances présentes.

En face de mon projet , il ne s'agit plus de points douteux , de chances aléatoires , de considérations théoriques ; — tout est prévu sans erreur possible ; — appréciable par les sens, matériellement fixé. Dès-lors , la tâche de la commission actuelle d'enquête est bien plus facile que celle des commissions qui ont précédé , et sa détermination ne saurait être douteuse.

Puisque les deux commissions départementales d'enquête , nommées en 1836 et en 1840 , pour l'examen des projets Valz et Perrier (1) , ont prononcé sur les réclamations de toutes les communes du Gardon inférieur et statué *qu'elles n'étaient nullement fondées ,*

----

(1) En 1823 , pour le projet de canal navigable de MM. Delpuech et Durand, qui prenaient l'eau des deux Gardons à Alais et à Anduze , les oppositions des communes riveraines avaient été

attendu que l'eau ne manquerait jamais sur leur ter-ritoire ;

Alors qu'il s'agissait de dériver à Ners toute l'eau du Gardon supérieur ;

Alors qu'il était certainement impossible d'apprécier au juste quelle diminution cette dérivation totale de Ners produirait depuis le barrage de Calvière jusqu'au Rhône ;

Il est évident que les deux seules communes qui réclament aujourd'hui *doivent être , à plus forte raison , déboutées de leurs prétentions ,*

Puisqu'on sait , positivement , sur quels élémens on agit dans le projet nouveau ;

Puisqu'on sait que la prise d'eau pour Nimes , sans conséquence pendant dix mois de l'année , *ne sera à l'étiage que d'un seizième du débit ;*

Puisqu'on sait que, sur treize mille pouces d'eau , il en restera toujours douze mille deux cents dans le lit du Gardon, depuis le Pont-du-Gard jusqu'au Rhône , et que , par conséquent, la rivière ne deviendra point une marre d'eau infecte et putride ;

Que les puits ne tariront pas ;

plus nombreuses et plus vives encore, parce que les dérivations avaient lieu sur des points en amont de Ners, et que les dommages sont proportionnels à la longueur des parties de rivière sur lesquelles on porte la perturbation , et à la masse d'eau qu'on y prend.

A ces deux points de vue, l'avantage est évidemment du côté de mon projet.

Que les infiltrations bienfaisantes (1) auront lieu comme par le passé ;

Et que le Gardon et le Rhône pourvoiront toujours, pour Comps et Montfrin , à la production des rosées rafraichissantes...

On conçoit maintenant pourquoi Remoulins , Lafoux , Vers, Fournès, Castilhon , Théziers , Sernhac, Meynes , ont renoncé à leurs anciennes oppositions.

Mon projet était connu dans ces communes ; on y appréciait parfaitement les différences capitales qui le distinguent des précédens ; on savait que je ne causais aucun dommage appréciable aux terres et aux habitations riveraines.

La commune la plus importante de toutes, celle de Remoulins, jugeant les choses à leur véritable point de vue, a parfaitement senti que, si quelqu'un avait à se plaindre, à réclamer une indemnité, ce ne pouvait être que M. de Fournès , qui , au moment de l'expropriation , saura bien assurément faire valoir ses intérêts et ses droits ; mais que, quant à ceux de l'aggrégation municipale, ils ne se trouvaient en aucune manière engagés , ni compromis dans la question pendante devant la commission d'enquête administrative actuelle.

(1) S'il se fait toutefois des infiltrations ascendantes à trois ou quatre mètres de hauteur.

CHAPITRE SEPTIÈME.

Communes que traverse l'aqueduc romain.

Quelle est la position légale des détenteurs de cet antique monument ou de ses accessoires ?

Suivant l'architecte Flacheron, — « l'aqueduc qui conduisait à Lyon les eaux de la Brévenne est encore assez bien conservé en plusieurs endroits dans la campagne ; mais, si le temps l'a épargné, la main des hommes a été plus destructive. En l'explorant, dit-il, j'ai trouvé assez souvent des habitans qui l'exploitaient comme une carrière de pierres ; pour cette œuvre de vandalisme, ils dépensaient tant d'efforts et tant de peine que les fragmens qu'ils finissaient par arracher, comme d'un rocher compact, leur coûtaient assurément plus de labeur que la pierre qu'ils auraient été chercher dans les carrières. Si l'on n'y prend garde, les restes des monumens antiques qui commencent à être clair-semés dans nos campagnes, auront bientôt totalement disparu par les ravages des habitans.

» J'ai vu des ouvriers qui ne se contentaient pas d'enlever les piles au-dessus de terre, mais qui emportaient même les fondations. Les maires ou les agens-voyers des communes devraient-ils tolérer ces démolitions? Depuis quand les débris des monumens antiques appartiennent-ils aux propriétaires des champs voisins? Où sont leurs titres d'achat? Plusieurs fois des arrêtés ont été pris par MM. les Préfets pour mettre fin à ces destructions ; mais que peuvent des arrêtés auprès de gens qui n'ont aucun sentiment d'art et qui ne comprennent pas autre chose que leur intérêt ! (1)»

Après les imprécations de l'artiste, voici les paroles non moins sévères d'un magistrat qui, à la connaissance du droit, joint le sentiment du respect que nous devons aux monumens des anciens âges.

Le 12 juin 1837, M. Dupin l'aîné, procureur-général à la Cour de cassation, écrivait la lettre suivante à M. Mouret de Pourville, sous-préfet à Orange.

« Les réflexions de la société académique de votre
» ville sur l'expropriation pour cause d'utilité pu-
» blique des *excroissances* que le temps a attachées
» aux monumens, ou qui se sont élevées sur leurs
» ruines et entre leurs parois sont très-justes ; il y a
» même plus de raisons d'exproprier des usurpateurs
» pour dégager ce qu'ils ont souillé, que d'expro-
» prier un propriétaire sans reproche, pour élever à
» neuf un monument sur son sol.

» Si l'on ne consultait même que le droit rigou-

(1) Mémoire *sur trois anciens Aqueducs qui amenaient des Eaux à Lyon*. — Grand in-8°. — Paris, Mathias, 1840. — Page 43.

» reux , je dis que ceux qui se sont ainsi logés dans les
» monumens publics, comme les rats et les oiseaux de
» proie , n'ont pu acquérir aucun droit par prescrip-
» tion ;

» 1° Parce que ces monumens étaient évidemment
» du domaine public , qui autrefois était imprescrip-
» tible ;

» 2° Parce que , si une possession a jamais été de
» *mauvaise foi* , c'est celle qui s'établit dans l'inté-
» rieur d'un cirque , ou sur le *proscenium* d'un théâ-
» tre , quand des ruines gigantesques sont là pour ré-
» clamer sans cesse , en faveur de leur origine et de
» leur destination : *Titulus perpetuo clamat...* » (1)

Quand la *Compagnie Lyonnaise* , avec laquelle
Nimes voulait traiter pour l'exécution à forfait de mon
système, débattait les conditions de l'entreprise, on
reconnut l'importance de se fixer sur les droits que la
ville pouvait utilement transmettre relativement à la
propriété de l'aqueduc romain ou de ses accessoires ;
et les délégués municipaux se livrèrent à un examen
spécial.

On sait que la commission était composée de M.
Girard , maire président ; — de MM. Roussellier ,
Boyer , de Sibert , Michel , Rame , Eugène Abric, tous
membres du conseil municipal , et que M. l'ingénieur

(1) J'avais entendu parler de cette lettre et recherché une copie
à Orange, par l'intermédiaire de MM. de Gasparin , et Requien
d'Avignon ; sur ma demande directe , M. Dupin voulut bien me
l'adresser lui-même, sous le couvert de M. le président Thourel.

Dombre, membre de la même assemblée, avait été adjoint à ses délégués, comme conseil pour les questions techniques.

La commission, qui renfermait dans son sein quatre jurisconsultes (1) se demanda :

Quelle était, en droit, la situation de la ville au sujet de l'aqueduc romain ?

La réponse fut :

« La commission pose à cet égard, comme sauvegardant les intérêts de la ville, les principes suivans :

» 1° Dans les parties où l'aqueduc est resté entier avec ses vestiges apparens, aucune prescription n'a pu faire acquérir des droits contraires à ceux de la ville, propriétaire de cet aqueduc ;

» 2° Dans les portions où l'aqueduc a été détérioré et où des puisages d'eau ou des constructions ont été établis, il n'y aura à exproprier que les servitudes acquises ou la valeur des constructions ;

» 3° Dans les portions où la superficie du canal a été l'objet d'actes de possession par des cultures, il n'y aura à exproprier le possesseur que de ce droit attaché à la superficie ;

» 4° Il ne peut y avoir des droits acquis et complets à la propriété du sol que l'aqueduc aurait antérieurement occupé, que sur les points où tous ses vestiges auraient depuis longtemps disparu ;

(1) MM. Roussellier, Conseiller à l'ex-Cour royale,
De Sibert, ex-Avocat-général ;
Alphonse Boyer,
Et Casimir Michel, } Avocats.

» La ville peut donc consciencieusement transmettre à la compagnie d'exécution des droits respectables à la propriété de l'aqueduc..... »

La commission municipale ne pouvait traiter cette
question que tout à la hâte, et fixer seulement les
points culminans ; mais son sentiment n'en est pas
moins une grave autorité.

On sent que des développemens sur des questions
de droit sont tout à fait en dehors de mes études particulières et que, pour compléter ce chapitre, des
secours étrangers me sont indispensables ; je m'estime donc heureux de pouvoir réimprimer ici la brochure remarquable que M. CAUSSE a publiée en 1844
sous ce titre :

*L'aqueduc du Pont-du-Gard a-t-il été prescrit par
ceux dont il traverse les propriétés* (1) ?

La commission municipale terminait son procès-
verbal du 8 mai dernier en disant : « A l'autorité des
» principes que nous avons posés viennent se joindre
» les aperçus de droit déjà développés dans un écrit
» publié par un de vos collègues. »

Avocat, membre du Conseil Municipal de Nimes,
premier adjoint à la mairie, président de la Commission Municipale après la proclamation de la République, M. Causse est un de ces hommes dont le dévoûment et les lumières sont généralement appréciés.

Malheureusement, un mauvais état de santé l'a
forcé momentanément de rentrer dans la vie privée

____

(1) In-8° de 15 pages.   Nimes, Ballivet et Fabre.

et de renoncer aux fonctions publiques auxquelles l'avait appelé l'estime de ses concitoyens.

Il crut rendre un service à Nimes, sa patrie adoptive, en publiant ce qu'on peut appeler une *consultation savante*, pour cette communauté, contre l'envahissement d'une de ses propriétés les plus respectables, et bientôt, j'espère, la plus utile.

M. Causse est le gendre de M. Auguste Pellet, antiquaire infatigable, si connu par ses recherches sur les monumens romains du Midi, par ses descriptions ingénieuses et par ses admirables *Reproductions*.

Rappeler l'ancienne splendeur de la colonie nimoise, exhumer, expliquer ses richesses et défendre ses droits, semble donc chez eux un devoir héréditaire, bien honorablement accompli.

A mon égard, la brochure de M. Causse, était un secours amical, bien propre à faciliter le succès de mon entreprise. Après l'avoir publiée lui-même, il m'autorise à la reproduire dans mon ouvrage ; je lui dois une double reconnaissance ;

Voici ce remarquable plaidoyer :

« La ville de Nimes entre dans une ère nouvelle de prospérité ; le mouvement commercial imprimé sur toute la surface de la France par une longue paix, la position géographique de notre cité, au centre d'une nombreuse population agricole, les habitudes industrieuses et rangées de ses habitans, et, par-dessus tout, ces deux (1) magnifiques lignes de fer qui se donnent la main à ses portes , tout nous fait espérer que Nimes saura reconquérir le rôle élevé qui lui était dévolu sous la civilisation romaine.

»Un seul obstacle tend à paralyser ce brillant essor : l'insuffisance des eaux destinées à alimenter ses manufactures !

» De là , ces nombreux projets que nous avons vu s'élever successivement sur l'horizon ; briller un instant , et retomber dans l'oubli d'où ils ne doivent plus être tirés ; les uns inspirés par un patriotisme éclairé , les autres enfantés par cette fièvre épidémique de spéculations qui a saisi l'époque actuelle et qui pousse les populations enivrées vers les jouissances temporelles en dehors de la voie pure et légitime du travail.

» Au milieu de cet amas un peu confus de projets divers devait se présenter naturellement l'idée de rétablir l'aqueduc du Pont-du-Gard , d'utiliser ces ruines grandioses d'une civilisation qui n'est plus ; on est même surpris que cette idée ne se soit pas présentée la première et en quelque sorte la seule ! qu'on ne soit arrivé là qu'après avoir parcouru un cercle immense de déceptions !

» Un homme d'une intelligence élevée , obéissant à une conviction profonde , et peut être aussi cherchant dans l'amour de son pays une diversion pour

(1) Il y en a trois maintenant : celle d'Alais, celle de Montpellier et celle de Marseille.

un grand malheur domestique, a consacré ses veilles
et presque sa vie à relever le colosse abattu ; je bles-
serais sa modestie si je mettais en relief les recherches
immenses , la dialectique puissante , les formes polies
et dignes tout à la fois qu'il a apportées dans cette
lutte de l'intelligence. Honneur à lui ! la reconnaissance de ses concitoyens couronnera ses nobles efforts ; est-il une récompense et plus douce et plus
belle ?

» Les accens du bon citoyen ont été entendus, des
travaux préparatoires sont ordonnés !

» J'ai cru faire une chose utile à mes concitoyens ,
pénétrer, autant qu'il est en moi, dans les vues de
M. Teissier, en démontrant que la ville de Nimes ,
propriétaire originaire de l'aqueduc, a conservé son
droit jusqu'à ce jour ; que ce droit n'a pas été em-
porté par la prescription, et, par voie de conséquence,
que les indemnités à accorder sont moindres que ce
qu'on pourrait supposer.

» Tel est mon but : l'on sent que dans l'examen
d'une question aussi grave, je ne puis affirmer avoir
marché constamment dans la voie de la vérité ; qui
suis-je pour élever une pareille prétention ? Ce que
je puis dire, c'est que je ne me permets de communiquer au public que le résultat d'un examen consciencieux et d'une conviction profonde : qu'importe ,
après tout, une erreur de ma part ? mais c'est quelque
chose d'avoir mis à découvert une des faces du projet non encore exploré; d'autres plus éclairés supplée-
ront à mon insuffisance.

» La ville de Nimes était propriétaire originaire de son aqueduc ; c'est pour elle, pour les besoins de ses habitans, pour alimenter ses lavoirs, ses bains, ses fontaines publiques que ce canal a été créé ; on n'exigera pas de moi, sans doute, que je rapporte, après dix-huit siècles, les conventions primitives à l'aide desquelles le sol occupé par l'aqueduc est sorti du domaine privé pour entrer dans le domaine municipal ; le fait ici prouve énergiquement le droit ; ce n'est pas sur ce point que la discussion peut s'établir raisonnablement.

» Depuis que la société humaine est organisée sur des bases régulières, la propriété acquise ne peut se perdre que par la volonté expresse du propriétaire ou par sa volonté présumée ; en d'autres termes, par la prescription ; ainsi le veut l'intérêt public, ainsi le veut la loi qui n'en est que l'expression formulée !

» Cela posé, personne n'osera soutenir, je pense, qu'à une époque quelconque de notre histoire, les représentans de la ville de Nimes, gouverneurs, consuls ou maires aient aliéné, en tout ou en partie, les nombreuses parcelles de terrain assises sur l'aqueduc.

» Reste donc la prescription ; c'est sur ce point que doit se concentrer le débat.

» Afin de discuter cette question d'une manière claire et méthodique, il convient de distinguer deux périodes : 1° le long intervalle qui sépare le règne d'Adrien, époque probable de la construction de l'aqueduc, de l'émission du Code civil ; 2° le temps qui a couru depuis le 25 mars 1804 jusqu'à nos jours.

Première Période.

« On sait que, depuis la conquête des Gaules par Jules-César jusqu'à la promulgation du Code civil, les provinces méridionales de la France, et notamment le pays que nous habitons, ont été soumis à l'empire de la loi romaine, il est vrai que, dans le cours des troisième, quatrième et cinquième siècles, les peuplades du Nord, Francs, Visigoths, Bourguignons envahirent nos contrées ; mais on ne doit pas oublier que, soit pour faciliter la conquête et peut-être encore par déférence pour une civilisation plus avancée, les vainqueurs respectèrent les lois des vaincus et finirent par s'y soumettre eux-mêmes. La loi romaine s'était répandue aussi dans la partie septentrionale de la Gaule, mais elle ne tarda pas à s'y effacer, soit parce que ses racines plus éloignées du tronc avaient pénétré moins profondément, soit parce que les hordes barbares y étant plus amoncelées, l'élément germanique devait prévaloir.

» C'est donc par les principes de la loi romaine que doit se résoudre notre première question :

» Dans le droit romain, les choses sacrées, les choses saintes, les choses publiques appartenant au peuple romain ou aux villes, ne sont pas susceptibles de prescription. *Usurpationem recipient maximè res corporales, exceptis sacris, sanctis, publicis populi romani et* CIVITATUM. Loi 9, au digeste de *Usurpationibus.*

» Nul doute que les aqueducs ne soient compris

dans la catégorie de cette loi , qu'ils ne constituent une chose publique appartenant à la cité.

» On ne le contestera pas si l'on réfléchit à l'importance attachée par les Romains à ces créations gigantesques que leurs mains puissantes avaient répandues dans toute l'étendue de l'empire ; Théodose et Valentinien considéraient comme une chose horrible que les habitans d'une ville fussent obligés d'acheter l'eau , *loi 7* au code *de Aquœductu*; l'on confisquait au profit du domaine privé des empereurs la propriété de celui qui avait osé mutiler un aqueduc public en y pratiquant une dérivation en sa faveur , *loi 2 eodem* ; il était défendu de planter des arbres à dix pieds de l'aqueduc , *loi 6 eodem* , et celui qui enfreignait cette prohibition était condamné à une peine fiscale pour laquelle l'empereur Zénon déclare qu'il ne pourra être accordé aucune grâce , *loi 8 eodem.* ; enfin tout propréteur ou gouverneur de province , qui détournerait de leur usage les fonds affectés aux aqueducs était tenu de fournir la même somme de ses propres deniers , *loi 8 eodem.*

» Du reste, les lois 9 et 10 au code *de Aquœductu*, sont formelles sur ce point; elles considèrent les aqueducs comme des ouvrages publics que la prescription la plus longue ne peut atteindre.

» Cette solution n'est pas douteuse tant que l'aqueduc remplit sa destination publique ; mais en est-il de même lorsque par l'influence destructive du temps ou par la main des barbares il a cessé de fonctionner? Je n'hésite pas à le penser ainsi, et voici mes preuves :

» La loi 9 au code *de Aquæductu*, fournit un texte précis ; je voudrais pouvoir me dispenser de citer, mais l'on sent que la nécessité m'y oblige :

» Diligenter investigari decernimus qui publici ab
» initio fontes, vel cum essent ab initio fontes privati,
» postquam publicè usum præbuerunt, ad privato-
» rum usum conversi sunt, sive sacris apicibus per
» subreptionem impetratis, ac multo ampliùs, si au-
» toritate illicitâ..... ut jus suum regiæ civitati resti-
» tuatur, et quod publicum fuit aliquandò, minimè
» sit privatum, sed ad communes usus recurrit : sacris
» oraculis vel pragmaticis sanctionibus adversus
» commoditatem urbis quibusdam impertitis, jure
» cassandis nec LONGI TEMPORIS PRESCRIPTIONE ad cir-
» cumscribenda civitatis jura profutura. »

« Nous avons ordonné de rechercher avec soin les fontaines qui, dès leur origine, ont été consacrées aux usages publics, ou qui, après avoir appartenu à des particuliers, auraient été incorporées au domaine public, et qui seraient tombées au pouvoir des particuliers, soit en vertu d'un décret du prince, obtenu par surprise, soit, à plus forte raison, par une usurpation illicite, de manière à restituer à la cité les droits qui lui appartiennent, et que ce qui a été public une fois ne puisse pas cesser de l'être ; les décrets des empereurs et les pragmatiques sanctions qui auraient été obtenus contre les droits de la cité devant être légalement cassés et la PRESCRIPTION LA PLUS LONGUE ne pouvant être d'aucune utilité pour s'emparer des droits de la cité.

» Est-il possible de trouver quelque chose de plus positif? Je supplie le lecteur de ne pas perdre de vue ces mots énergiques qui terminent la loi et qui , à mes yeux , emportent la solution de la question : *nec longi temporis prescriptione ad circumscribenda civitatis jura profutura.*

« L'empereur Zénon se place même dans l'hypothèse où le détenteur de l'ouvrage public invoquerait un décret du prince en faveur de sa possession ; il déclare que ce décret doit être cassé ; à plus forte raison la loi doit-elle recevoir son application dans l'hypothèse où il y a usurpation ; *multò amplius si auctoritate illicitâ.* Dans un cas comme dans l'autre , la prescription la plus longue ne peut atteindre les droits de la cité , et ce qui a été incorporé au domaine public ne peut pas tomber dans le domaine privé. Et, qu'on le remarque bien , la loi se place dans le cas où l'aqueduc a cessé d'être employé aux usages publics , puisqu'elle suppose que depuis un temps plus ou moins long il est entré dans la propriété privée ; cette hypothèse est exactement pareille à la nôtre ; qu'importe, en effet , que l'usurpateur ait conservé l'aqueduc avec sa forme primitive , qu'il l'ait converti en usine ou en terre labourable?

Les lois 6 et 10 au code *de Aquæductu,* conduisent au même résultat :

» La loi 2 au digeste *de Vid publicâ* fournit un puissant argument d'analogie ; voici ses termes : *Viam publicam populus non utendo amitere non potest.* Le peuple ne peut pas perdre la propriété d'une voie publique en ne pas s'en servant; ce qui indique d'une manière évidente que la prescription n'a pas lieu en cette matière.

Même argument d'analogie emprunté aux lois 73 du Digeste *de contrahendá emptione*, — et 74 *eodem*, — *de religiosis et sumptibus funerum*.

» Le savant auteur du *Droit civil expliqué*, dans son commentaire de l'art. 2226, après avoir émis l'opinion que, dans le droit actuel, la prescription ne pourrait atteindre la Maison-Carrée, les Arènes, l'arc de triomphe de Marius, opinion que nous invoquerons dans l'examen de la deuxième question, ajoute : « Plusieurs de ces beaux restes de l'antiquité peuvent » se trouver encore aujourd'hui détériorés par le mé- » lange de la propriété privée, qui, dans le moyen- » âge, s'était attachée à eux, sans respect pour ce » qu'ils ont de vénérable ; comme ces possessions re- » montent à une époque où, d'après le droit public » alors constant, tout ce qui était dans le domaine » public, pouvait tomber dans le domaine privé, elles » doivent être respectées à titre de droit acquis. »

« Quel est ce droit public dont parle l'auteur et qu'il ne cite pas, contre son exactitude ordinaire ? Fait-il allusion à une jurisprudence qui paraissait s'être introduite dans les pays coutumiers ? Je l'ignore ; mais il me semble que s'il s'était placé en face de la loi 9 au code *de Aquœductu*, il aurait émis une opinion contraire.

» Loin d'admettre avec M. Troplong, qu'il a existé, au moyen-âge, un droit public favorable à son opi-

nion , on peut citer un droit public contraire. L'ordonnance de Blois voulait : « que tous les grands chemins fussent remis à leur ancienne largeur, nonobstant
toutes usurpations PAR QUELQUE LAPS DE TEMPS QU'EL-
LES PUISSENT AVOIR ÉTÉ FAITES. » C'est la reproduction
de la loi 2 au digeste *de Viâ publicâ*.

» On comprend l'analogie qui existe entre un grand
chemin et un aqueduc public ; M. Troplong , qui
rappelle ce texte , continue : « L'ordonnance de Blois
n'a pas créé une disposition arbitraire, une exception
privilégiée pour les routes royales ; un grand principe était donné, en matière de prescription , elle en
a tiré les conséquences naturelles. »

« N'est-ce pas dire clairement : Le principe posé
par l'ordonnance de Blois s'applique à toutes les dépendances du domaine public ; n'y a-t-il pas une espèce de contradiction dans ces deux opinions de M.
Troplong ?

» La Cour de cassation , appelée à statuer sur cette
question , faisant l'application des anciens principes ,
sans se préoccuper de ce prétendu droit public dont
parle l'auteur du *Droit civil expliqué* , a décidé , par
un arrêt du 5 mars 1828 (Dalloz, 28, 1, 157), qu'une
place de guerre ne peut perdre sa destination par le
non-usage , et que, tant qu'il n'est pas intervenu une
ordonnance du roi ou une décision du ministre de la
guerre qui l'ait déclassée , elle demeure imprescrip-
tible.

» Invoquera-t-on contre nous la prescription par
la possession immémoriale, dont le germe est déposé

dans la loi 3, § 4, au digeste *de Aquâ quotidianâ et œstivâ*, et que la jurisprudence a consacrée dans certaines occasions? nous répondrons avec Dumoulin, *Coutumes de Paris*, § 12, *au mot Prescription* : que sans doute la prescription immémoriale n'est pas censée exclue par la loi qui rejette toute prescription ; mais avec cette restriction, s'il n'y a même raison pour l'exclure ; *nisi eadem sit ratio exclusionis.*

» N'est-il pas évident que la même raison d'utilité publique qui a fait repousser la prescription *longi temporis*, doit faire écarter aussi la prescription par la possession immémoriale ?

» Concluons donc que sous l'empire du droit romain, l'aqueduc du Pont-du-Gard, destiné à un usage d'utilité publique et, comme tel, placé hors du commerce, n'a pu être prescrit par ceux dont les propriétés sont assises sur son sol.

» Si la prescription eût été possible dans le droit écrit, il nous serait facile de démontrer que l'aqueduc du Gard, soit à raison de sa nature monumentale et historique, soit à raison de la nature de la possession des usurpateurs, aurait échappé à la prescription ; mais comme ces divers points doivent entrer dans l'examen de la deuxième question, nous les renvoyons.

Deuxième Période.

» L'article 541 du Code civil est ainsi conçu : *Les terrains, les fortifications et les remparts des places qui ne sont plus places de guerre appartiennent à*

l'État, s'ils n'ont été valablement aliénés ou si la pro-
priété n'en a pas été prescrite contre lui.

» Ce texte est formel , le doute n'est plus possible ;
les remparts des places qui ont cessé d'être places de
guerre sont susceptibles d'être prescrits.

» L'article 541 me parait être une dérogation à la
loi romaine et le reflet d'une jurisprudence qui s'était
introduite dans les pays coutumiers.

» Et qu'on ne croie pas que cette disposition légis-
lative ne soit relative qu'aux remparts des places de
guerre ; l'article 541 pose un principe général , applicable à toutes les dépendances du domaine public :
dès qu'elles cessent de remplir leur destination première , elles deviennent aliénables et tombent sous le
domaine de la prescription.

» Mais à quels signes reconnait-on que les choses
publiques ont subi un changement de destination et à
quelle époque commence la prescription? C'est sur ce
point que les opinions sont divergentes.

» Les uns ont supposé que le temps ordinaire de la
prescription était suffisant tout à la fois pour établir le
changement de destination et pour amener la prescription ; cette opinion est insoutenable. Il est impossible d'admettre que le changement de destination
se soit opéré et que la prescription ait commencé le
lendemain du jour où la destination primive s'est ma-
nifestée encore par des actes extérieurs ; il faut, de
toute nécessité, qu'il se soit écoulé un temps plus ou
moins long, entre le moment où la chose publique a
cessé de remplir sa destination et celui où la prescrip-

tion a commencé, temps qui emporte avec lui une présomption suffisante d'abandon de la part de l'État ou de la cité.

» D'autres ont soutenu que la prescription ne pouvait s'accomplir que par quarante ans, cinquante ans ou même cent ans, de manière qu'un intervalle de temps quelconque, s'ajoutât au délai ordinaire de la prescription et fît supposer un changement de destination ; cette opinion est plus rationnelle, mais elle a l'inconvénient de trop prêter à l'arbitraire ; et l'arbitraire est un grand mal en matière de législation et de jurisprudence.

» Quelques-uns ont pensé que lorsque la destination publique avait été établie par un décret, une loi ou un acte administratif, le changement de destination ne pouvait résulter que d'un acte contraire ; cette opinion a l'avantage d'être d'une application facile dans la pratique.

» On comprend que si cette dernière opinion venait à prévaloir, la prescription ne serait pas possible dans le cas qui nous occupe ; on ne peut pas douter, en effet, que l'aqueduc du Pont-du-Gard n'ait été établi par un acte quelconque de l'autorité supérieure et on ne prétendra pas, je pense, qu'un acte de même nature ait interverti sa destination.

» La prescription est fondée sur l'abandon présumé de la part du propriétaire ; d'où il suit que la possession qui en est la base doit être publique ; ce n'est que lorsque la possession est publique qu'on peut dire : *taciturnitas et patientia, consensum imi-tantur.*

» La possession n'est pas réputée publique lors-qu'elle s'exerce à l'insu du maître, *ignorante eo quem sibi controversiam facturum suspicabatur*, loi 6 au digeste *de acquirendâ possessione.*

» Cela est si vrai que, dans certaines prescriptions, la possession requise est proportionnée à la présomp-tion plus ou moins grande de la connaissance du pro-priétaire.

» C'est par une application de ce principe que celui qui aurait pratiqué une cave sous la maison de son voisin ne peut pas en acquérir la propriété par la prescription.

» Cela posé, peut-on prétendre que ceux dont l'aqueduc traverse les propriétés à une profondeur de 4 ou 5 mètres ont eu une *possession publique* dans le sens légal ? Que la ville de Nîmes ait su que tels ou tels individus possédaient contre elle et qu'elle soit présumée avoir fait l'abandon de ses droits au profit de ces usurpateurs ?

» Non, évidemment ; il faut donc arracher l'arme de la prescription à tous ceux dans les propriétés des-quels l'aqueduc est enfoui à une profondeur plus ou moins grande.

» Ajoutons que la ville de Nîmes ne connaissant pas ceux dont le sol recélait son aqueduc, ne pouvant, par suite, faire des actes conservatoires de ses droits, sa défense trouve un nouvel appui dans ce principe qui ressort de l'article 2257 : la prescription ne court

pas contre celui qui ne peut agir. *Contrà non valen-
tem agere non currit prescriptio.*

» Poursuivons : Pour arriver à la prescription à
l'aide de la possession , il faut posséder avec la conviction que l'on est propriétaire ou avec l'intention de
le devenir ; la possession ne peut pas se séparer de
l'idée de la propriété dont elle est le véhicule. *Article 2229 du Code civil.*

» Peut-on dire que les propriétaires aient eu l'intention d'acquérir l'aqueduc dont ils ignoraient même
l'existence, dont l'existence ne leur a été révélée que
par les fouilles de l'administration ?

» La propriété acquise se conserve par la seule intention de la conserver ; si même la propriété était
délaissée , dénaturée , l'intention de la conserver se
démontrerait suffisamment par l'existence des vestiges:
Per signum enim retinetur signatum. Cela est vrai tant
qu'une possession rivale n'est pas venue s'implanter
sur la possession primitive.

» L'espèce qui nous occupe présente une application remarquable de ce principe.

» L'on sait que cette portion de l'aqueduc , qui a
été jetée d'une manière si hardie sur la vallée du
Gardon , est assise en entier sur les propriétés de la
famille de Fournès ; la ville de Nimes est encore aujourd'hui propriétaire incontestable de ce monument;
les beaux restes d'antiquités qu'il offre à l'admiration
des peuples ont suffi pour lui conserver son droit ; la
famille de Fournès, qui n'a fait aucun acte de possession , n'a jamais prétendu être propriétaire , et , si

cette prétention se produisait , elle serait infaillible-
ment repoussée.

» On doit en dire autant de toutes les autres parties
de l'aqueduc qui sont à découvert et qui n'ont reçu
d'autre altération que celle qui leur a été imprimée
par la main du temps.

» Reste une dernière considération , et celle-ci est
péremptoire :

» L'article 2226 du Code civil porte : *On ne peut
prescrire les choses qui ne sont pas dans le commerce.*

» Ne doit-on entendre par là que les choses d'une
utilité publique matérielle , les routes royales , les
remparts, les promenades ? Ne doit-on pas comprendre aussi, dans la catégorie de l'article 2226 , ces monumens connus sous le nom de monumens histori-
ques , qu'une administration intelligente entoure
depuis quelques années d'une sollicitude spéciale , et
qui ne répandent sur les populations qu'une utilité
morale.

» Les uns servent de modèle aux arts ; les autres ,
en nous instruisant dans les choses du passé , prépa-
rent les voies de l'avenir ; d'autres , enfin , sont une
source abondante de ces sentimens religieux , base
fondamentale de l'édifice social ! Jetez les yeux sur ce
cloître abandonné et dont les murs disjoints tombent
en ruine ; quelle est cette famille en pleurs , couverte
des marques du deuil et agenouillée sur la pierre ,
sous ces ogives sombres ? elle demande à la religion
de ses pères un refuge contre une immense douleur !
Dira-t-on que de pareils monumens sont dans le com-

merce ? qu'ils ne remplissent pas une haute mission sociale ? qu'ils ne sont pas aussi utiles que le pavé sur lequel je marche ou le rempart bastionné d'où j'envoie la mitraille et la mort à mon semblable ? que l'usurpation pourra se retrancher derrière leurs vieilles murailles et s'y défendre avec les armes de la prescription ? Les souvenirs du passé, la religion, les arts ne sont donc que des mots vides de sens, des rêves fantastiques propres à amuser l'imagination des faibles ? l'homme n'est que matière et ne vit que de matière !

» Admette qui voudra une aussi désolante théorie.

» D'Argentré, *Coutumes de Bretagne*, art. 266, avait aperçu le principe que nous voulons faire prévaloir ; voici ses expressions : *Quia publicorum usus non solum ex commodo sed ex ornatu et facie estimatur* : L'utilité publique doit s'induire, non-seulement de la commodité, mais encore de l'ornement et de la beauté de l'art.

» Troplong, dans son *Commentaire de l'article 2226*, a fait entendre ces paroles remarquables, qui honorent encore plus le cœur que la science !

« *Notre article s'applique encore aux monumens publics appartenant aux villes, et conservés soit pour leur décoration, soit comme objets d'art. Le beau Temple romain que l'on admire à Nimes, qui porte vulgairement le nom de Maison-Carrée, a été jadis, au milieu des ténèbres de la féodalité, en la possession de je ne sais quel seigneur barbare qui en avait fait son écurie ;*

les magnifiques Arènes de cette ville ont été habi-
tées, pendant de longues années , par des familles
qui y avaient établi leur demeure , cherchant un
asile contre les invasions des peuples du Nord; mais
ces restes de l'antiquité romaine ont été arrachés en-
fin à la propriété privée pour rester dans le patri-
moine de tous ceux qui aiment l'architecture et l'his-
toire ; désormais ils sont dans le domaine public et
la barbarie ne peut plus les atteindre.

» On conçoit également que nulle possession , quel-
que prolongée qu'elle fût, ne pourrait grever ces mo-
numens de servitudes qui les dégraderaient ; quelle
est la jurisprudence vandale qui donnerait un brevet
d'existence à une servitude ONERIS FERENDI *sur la*
cathédrale de Strasbourg , ou sur l'arc-de-triomphe
d'Orange , ou sur le palais de la Bourse à Paris ?
En ce sens , la barbarie ne prescrit pas contre la
civilisation, et les arts ont aussi leur article 2226. *»*

« L'aqueduc du Pont-du-Gard est tout à la fois
une œuvre monumentale et historique ; à ce double
titre , il est protégé par l'article 2226 : la propriété
privée n'a pas pu envahir ses ruines.

» Que conclure de tout cela ? Que la ville de Nimes
n'a jamais cessé d'être propriétaire de l'aqueduc ;
qu'elle n'a pas besoin de recourir à l'expropriation
forcée pour cause d'utilité publique.

» Faut-il en conclure aussi qu'aucune espèce d'indemnité ne sera due ? Non , sans doute ; ce serait
aller au-delà de notre but; ceux qui auront élevé
des établissemens agricoles, industriels ou autres, sur

les ruines de l'aqueduc, seront indemnisés, non pas eu égard à la dépossession du sol qui ne leur a jamais appartenu, mais dans la proportion du préjudice causé à leur industrie ; un sentiment d'équité commande cette restriction à la rigueur du droit ; il ne peut pas entrer dans les vues d'une grande et noble cité de s'élever sur le malheur de qui que ce soit ; le droit sera là comme une barrière contre les prétentions injustes, pour réduire cette tenacité de l'intérêt privé contre laquelle ont si souvent échoué les grandes entreprises d'utilité publique !

» Faisons un vœu en terminant : que l'administration mette la main à l'œuvre ! que l'aqueduc renaisse comme au jour de sa création !

» La dépense ne doit pas être un obstacle : peut-on faire un plus bel usage de la fortune publique ? Est-il un capital mieux employé que celui qui doit se reproduire un million de fois sous forme de jouissance, de salubrité, d'utilité industrielle !

» Ne nous laissons pas dominer par cette idée, que nous grevons le présent au profit de l'avenir ; loin de nous cet égoïsme mesquin et indigne de notre cité ! L'homme qui n'est qu'un point dans le temps ne doit-il vivre que pour lui ? Ses regards ne doivent-ils jamais se porter vers l'avenir ? Faut-il qu'une génération qui s'éteint emporte ses œuvres dans la tombe ? Si ceux qui nous ont précédé s'étaient renfermés dans cette étroite personnalité, auraient-ils répandu avec tant de profusion autour de nous ces monumens qui font notre admiration et notre orgueil ? Héritiers de ces créations brillantes , devons-nous répudier les nobles pensées qui les ont inspirées? Un sentiment de reconnaissance ne s'élèvera-t-il pas aussi dans l'âme de ceux qui remueront un jour notre poussière?

» E. CAUSSE , *Avocat.* »

M. Cause eut la satisfaction de voir les idées qu'il avait émises entièrement approuvées par M. Dupin dont il reçut la lettre suivante :

Paris , 9 décembre 1844.

« Monsieur ,

» Je suis parfaitement de votre avis sur la question » de prescription appliquée à l'aqueduc du Pont-du-» Gard ; lorsque j'ai visité ce superbe et gigantesque » monument, j'ai marqué mon étonnement qu'on » n'eût pas encore essayé de le rendre à son utilité » primitive , sinon à l'aide des anciennes eaux, au-» jourd'hui acquises à ceux qui les ont interceptées , » au moins à l'aide d'une pompe mue par la vapeur , » qui serait adaptée sur le fond du torrent.

» Quant aux conduites souteraines, le fait de » leur existence matérielle fait qu'elles *se sont possé-* » *dées elles-mêmes* , si je puis m'exprimer ainsi, et » qu'elles n'ont pas cessé *de grever d'une véritable* » *servitude* les héritages qu'elles traversent, et sur » lesquelles elles ont été primitivement établies.

» Il n'y aurait d'indemnité à payer que pour le dé-» rangement qu'occasionneraient les fouilles, pour

» les travaux que les fonds servans seraient obligés de
» *supporter*.

» J'avais déjà écrit quelques idées sur la non pres-
» cription des monmens publics , au sujet du théâ-
» tre d'Orange , dans une lettre qui a été insérée dans
» les journaux il y a sept à huit ans (1).

» Recevez , etc.

» Dupin. »

Après avoir cité des autorités aussi respectables ;
après les noms de MM. Dupin, Boyer, de Sibert,
Roussellier , Michel, Causse, Flacheron, me sera-
t-il permis de me citer moi-même et d'introduire mon
opinion dans une question toute spéciale ?

Voici ce que j'écrivais en 1845, non avec la science
du légiste , du jurisconsulte , mais sous la simple ins-
piration de ma raison et de mon cœur :

« Je ne doute pas que la ville de Nimes n'indem-
» nise convenablement de leurs pertes ceux qu'elle
» dépossèdera , bien que leur droit fût , à la rigueur ,
» contestable ; mais , comme ils ont pour eux l'équité
» et la bonne foi , la cité sera généreuse , car c'est
» bien ici que s'applique l'adage :
    Summum jus, summa injusticia...
» J'ai donc fait entrer dans mes estimations l'indem-

---

(1) C'est la lettre qui se trouve au commencement de ce chapitre. Celle-ci , insérée dans le *Courrier du Gard* du 20 décembre 1844, fut', indirectement, un encouragement pour moi
de persister dans mon projet de restauration de l'aqueduc romain.

» nité comme élément de dépense, parce que je la
» crois légitimement due ; certainement, Nimes la
» payera largement, mais il peut être utile que le
» droit rigoureux soit une arme puissante entre ses
» mains pour se défendre contre des exigences immo-
» dérées ; on n'en fera jamais d'autre usage. » (1)

(1) Tom. ii, p. 33 et 34 de cet ouvrage.

CHAPITRE HUITIÈME.

—

Des Machines.

Une dernière opposition a été faite à mon projet le jour final de l'enquête ; je viens d'en prendre connaissance , on la retrouvera textuellement copiée dans la note au bas de la page (1) , et , pour y répondre , je n'aurai qu'à mettre par écrit ce que j'ai dit plusieurs fois soit à la commission municipale , soit à la commission spéciale d'examen. Devant elles , *l'absence du projet et plans descriptifs des machines hydrauliques* n'a pas empêché l'affaire de marcher : — il en sera de même , je l'espère , auprès de la commission d'enquête et de l'administration supérieure , après les explications que voici :

(1) « Je soussigné Gabriel Sauret, propriétaire, demeurant à
» Nimes, rue des Fours-à-chaux, n° 13, m'étant rendu à la pré-
» fecture du Gard , bureau des travaux publics, pour prendre
» vision des pièces relatives à la conduite des eaux par applica-
» tion du projet dit *Teissier*, ai vu, avec une bien grande sur-
» prise, que le *projet* lui-même et le plan descriptif des machines
» sur lesquelles se baserait le système hydraulique ne sont point
» au dossier; il paraît même qu'ils n'y ont jamais été et que le
» Conseil municipal ne les a jamais vus. Je me suis assuré par
» la lecture de la lettre du Maire de Nimes, datée du 3 février
» 1848 , contenant inventaire des pièces , que ces dits *projet* et

I.

Pour avoir une valeur quelconque , il faut qu'un *projet de machines* soit d'une exactitude rigoureuse ; non-seulement on doit en exposer le système , et l'ensemble , mais il faut de plus que chaque partie , chaque pièce en soient calculées, dessinées et décrites ; ce qui est un travail spécial , long et difficile.

Or , pour s'y livrer , il convient d'attendre que tous les élémens qui doivent déterminer l'espèce , les proportions et la puissance de la machine aient été fixés d'une manière précise et définitive.

La ville de Nimes n'exigeait , dans son programme de 1843 , qu'une fourniture de trois cents pouces d'eau ; — en supposant que le volume de la dérivation , la hauteur de la chute et celle de l'ascension eussent été définitivement arrêtés , il aurait fallu ,

» plans descriptifs n'ont jamais été transmis à la Préfecture qui,
» conséquemment, ne peut les montrer à ceux qui les deman-
» dent.

» Et, comme cette inconcevable irrégularité ne me permet pas
» d'examiner et d'asseoir une opinion raisonnée , je déclare
» m'opposer formellement à ce que le dossier soit envoyé à
» l'approbation supérieure jusqu'à ce qu'il ait été convenable-
» ment complété par l'apport, remise et dépôt du projet et des
» plans descriptifs des machines, et qu'avis en ait été donné au
» public par nouvelle affiche, afin que chacun ait liberté de voir
» et de juger, protestant contre l'envoi qui serait fait au mépris
» de la présente opposition.

» Fait à Nimes, le 30 avril 1843.

» *Signé* SAURET. »

dans cette hypothèse, adopter le système hydraulique le mieux en rapport avec les élémens , et faire tous les plans et calculs subordonnés.

Mais bientôt la *Compagnie Lyonnaise* , qui se présenta pour l'exécution à forfait de mon projet, voulut non-seulement conduire à Nimes les trois cents pouces demandés par le conseil municipal, elle décida de plus qu'il en serait amené trois cents pour son propre compte , — soit six cents pouces en tout.

Il est évident qu'avec une augmentation pareille dans le produit, le volume d'eau motrice et la hauteur de chute appliqués aux conditions du programme ne pouvaient plus suffire , non plus que la force de la machine ; — il aurait donc été nécessaire de recommencer , pièce par pièce , les calculs , plans et devis.

Ce n'est pas tout : — quand vint la discussion entre les délégués de la Compagnie et ceux de la Municipalité , ces derniers exigèrent que huit cents pouces d'eau , au lieu de six cents , fussent amenés dans l'enceinte de Nimes. Cette condition ayant été acceptée , il aurait fallu, dès-lors, refaire à nouveau tout le travail relatif au moteur , aux résistances , en un mot, à la machine.

Bientôt la *Compagnie Lyonnaise* fut remplacée par une *Société Nimoise* , et , enfin , la Révolution étant survenue , l'état financier de la ville ayant complètement changé , il est devenu évident , du moins à mes yeux , que les conditions réciproquement acceptées ne pouvaient subsister et qu'il y aurait à changer de système d'exécution. Quel sera ce système nouveau ?

je l'ignore ; — mais , la nécessité de se procurer de l'eau restant la même , la ville avisera. J'ai dû proposer : qu'en remplacement de la Compagnie à forfait *virtuellement libérée* , Nimes exécutât lui-même, en faisant à l'entreprise des eaux l'application intelligente de ses ateliers de secours ; ce serait l'emploi le plus fructueux, le plus *civique* des deniers municipaux

Mais qui sait si , en adoptant ce principe, la ville n'apporterait pas au projet des modifications qui obligeraient , pour la quatrième fois, à refaire , sur nouveaux frais , les calculs , plans et devis des machines.

II.

Mes projets , dans leur ensemble , ont été soumis pendant leurs longues épreuves , à bien d'autres causes de perturbation. J'ai voulu d'abord établir les machines à Lafoux ; — plus tard, j'ai proposé deux équipages dans deux locaux distincts ; enfin, je me suis arrêté à un seul artifice au-delà du Pont-du-Gard.

La prise d'eau, la chute, le canal d'amenée ont été relevés , dessinés , calculés dans toutes ces hypothèses, et les pièces ont été soumises à la Commission spéciale des cinq ingénieurs en chef *qui a décidément préféré le projet par lequel , la prise d'eau se faisant à Collias , la chute serait placée en aval du Pont-du-Gard.* Aurait-il fallu , pour ce système et toutes ses *variantes* , faire autant de projets mécaniques complets ? ç'aurait été, certes, aussi pénible , aussi ruineux que parfaitement inutile .

Je ne devais pas même , raisonnablement , le faire encore *pour mon projet type adopté* , car , après le jugement favorable du jury spécial , le conseil de la cité a poussé la prudence jusqu'à demander un examen nouveau , une vérification de l'ensemble et des détails à M. l'ingénieur Dombre.

Celui-ci, reprenant mon projet en sous-œuvre , y a fait certaines modifications accessoires que j'ai reconnues utiles et que j'ai agréées ; la commission municipale les a acceptées aussi , de concert successivement avec les deux compagnies forfaitaires. Les plans et devis dressés par M. Dombre , à titre de révision , ont été déclarés exécutoires à ces deux compagnies et ont remplacé les miens au dossier.

Or , comme M. Dombre rehausse d'une quantité sensible mon barrage de Collias, comme il élargit mon canal d'amenée , comme la chute au Pont-du-Gard devient de neuf mètres, au lieu de 8 m. 50 que j'avais portés, comme il pense qu'on peut autoriser la ville à dériver du Gardon un peu plus que les deux mètres cubes que j'avais fixés , — il en résulte : — que, pour la neuvième ou dixième fois , il y aurait eu lieu de refaire sur ces nouveaux erremens le travail demandé , relativement aux machines....

Je n'ai eu garde de me soumettre spontanément à un labeur si souvent inutile.

III.

Mais la ville de Nimes est-elle donc maîtresse de fixer elle même la hauteur de son barrage , — le volumo d'eau a prendre au Gardon à l'étiage , et , par suite , la hauteur et la puissance de sa chute : ce qui règle pourtant tout l'*organisme* mécanique ?

Non , la ville ne peut émettre que des vœux et formuler avec instances à l'autorité supérieure des demandes en rapport avec l'importance de ses besoins et l'urgente nécessité d'y pourvoir.

Nimes devait donc clairement exposer ce qu'il désirait obtenir , en indiquant les moyens d'arriver à ce but qui peuvent avoir quelque influence sur le régime de la rivière du Gardon , sur les droits, sur les intérêts des riverains et sur ceux des communes que traverse l'aqueduc romain ; c'est évidemment l'esprit des arrêtés des 15 février et 4 avril, de M. l'ex-préfet Darcy et de M. le Commissaire extraordinaire de la République.

Sur tous les points afférens à la propriété privée , aux jouissances , aux droits des communes , mon projet et les publications nombreuses que j'ai faites à l'appui , présentent des éclaircissemens suffisans ; — un projet détaillé et complet des machines aurait été au contraire , inutile et prématuré.

Inutile : — car , quelle lésion , quelle gêne , quel inconvénient peut-il résulter pour les particuliers ou pour les communes , que ce soit telle ou telle espèce de machine hydraulique qu'on renferme dans un bâtiment clos? — que leur importe le système et ses détails : — l'adoption , par exemple , des turbines ou des machines à colonne d'eau ? L'administration n'a pas même besoin de s'occuper ici des précautions

qu'elle est tenue de prendre dans l'établissement des
appareils à vapeur ; n'y ayant pas de danger d'explosion , les prescriptions préservatrices sont inutiles.
On ne peut formuler de griefs admissibles que contre
la hauteur du barrage ou le volume de l'eau détournée ; or , ces deux points sont parfaitement spécifiés
au projet.

Un détail complet sur les machines eût été *prématuré* : — car , si l'enquête est une garantie pour les
intérêts légitimes, si elle n'est point une formalité
dérisoire, elle doit pouvoir servir à quelque chose ,
c'est-à-dire , à *modifier*, s'il y a lieu , les conditions
de mon projet *relativement au barrage et à la prise
d'eau*. — Or, dès le moment que ces deux conditions
seraient modifiées, il faudrait recommencer et refaire
tout le travail sur les appareils hydrauliques.

Il est donc logique d'attendre que la COMMISSION
D'ENQUÊTE se soit acquittée de son mandat, — qu'elle
ait pesé et jugé toutes les oppositions , après avoir
entendu , dit l'arrêté , MM. les ingénieurs des ponts-
et-chaussées et des mines ; — et , quand son verdict
sera rendu , c'est-à-dire , *quand nous saurons positivement de quelle masse d'eau et de quelle chute nous
pouvons disposer* , car c'est particulièrement sur ces
deux points que MM. les ingénieurs sont consultés ,
*alors , et seulement alors, il sera temps de faire un
projet complet de machines.*

IV.

Mais, je me trompe encore, et j'y mettrais trop de précipitation. La Commission d'enquête n'est pas souveraine, et l'avis préfectoral qui modifie ou sanctionne le sien ne suffit pas. Bien que ces deux jugemens aient la plus haute importance, il n'en faut pas moins l'approbation gouvernementale pour qu'un projet soit légalement exécutoire ; — ce ne sera donc que quand l'autorité centrale aura prononcé, que les deux points vitaux et régulateurs à l'encontre des machines seront fixés ; et ce n'est qu'alors qu'on pourra définitivement en adopter le type, en tailler le patron, en calculer l'ensemble et les détails.

Quand donc le gouvernement aura autorisé la ville de Nimes à construire au travers du Gardon un barrage *en un lieu déterminé* ; — *à une hauteur fixée* ;

Quand la *quantité d'eau* que ce barrage devra pousser dans le canal d'amenée *aura été concédée irrévocablement* ;

On connaitra, dès-lors, la force dont on dispose, — la hauteur relative à laquelle il faut pousser la fourniture d'eau pour Nimes ; — et de ces deux élémens positifs, la puissance et les résistances, on pourra rigoureusement déduire le produit à obtenir.

Ce sera le moment de se fixer sur le meilleur système hydraulique à choisir, et cette adoption faite suivant les règles de la science, on calculera les dispositions de la machine, pièce par pièce, pour arriver au meilleur résultat possible

Alors, et seulement alors, il sera raisonnable et utile de faire un projet complet de machines, parce que ce ne sera qu'à ce moment que les élémens essentiels en auront été fixés ; mais rien n'empêchera que ce projet ne soit, à son tour, soumis au jugement, à la critique des hommes spéciaux, et convenablement amendé s'il y a lieu.

Agir autrement serait violer toutes les conditions naturelles de l'affaire.

V.

Si quelqu'un croyait voir une lacune dans cette façon d'opérer, et si l'on nous objectait : — « Qu'a-
» vant d'adopter notre projet, la ville de Nimes au-
» rait dû s'assurer *de la quantité d'eau qu'il donne-*
» *rait* ; — que la Commission d'enquête ne peut pas
» se prononcer sur la valeur du système, en l'ab-
» sence d'un des documens complémentaires ; — que
» l'autorité supérieure voudra, sans aucun doute,
» être édifiée sur tous les points ?... »

Nous répondrions :

Qu'à cet égard nos précautions sont prises ; — que nous pouvons fournir, à toutes fins, les renseignemens les plus concluans ; — et qu'allant au devant de l'objection faite, nous avons, pendant tout le cours de nos travaux, poussé les recherches et les investigations bien au-delà de ce qui aurait été strictement nécessaire ;

C'est le seul point qu'il nous reste à prouver.

Chaque fois que, pour amener de l'eau à Nimes,

nous avons cru devoir étudier, relever une ligne particulière, présenter un projet spécial ; — fixant sur les jaugeages connus du Gardon la quantité d'eau que nous pouvions prendre, — arrêtant notre chute par des nivellemens répétés, — nous avons déterminé *notre force motrice.* — La distance verticale de notre bief d'amenée à l'aqueduc romain nous donnait la principale de nos résistances.

Puis, calculant par comparaison avec les diverses machines, non théoriques mais existantes, le produit réel à obtenir ; ne nous attachant pas aux faits extraordinaires, mais aux résultats moyens : nous avons pu logiquement déduire ce que la ville de Nimes pourrait avoir par chacun de nos projets en particulier. Ces recherches sont consignées dans les sept livraisons de notre ouvrage.

D'après MM. Daubuisson, Armengaud, Bourgery, Sonnet, Morin, — le travail mécanique de la turbine Fourneyron varie entre les 70 et les 80 centièmes de celui dont le moteur est capable ; en d'autres termes, ces machines transmettent un effet utile, net, égal à 0,70 et même souvent à 0,80 du travail absolu dépensé par le moteur (Voy. *Élémens d'hydraulique* p. 454, — *Guide de Mécanique pratique*, p. 311, — *Élémens de Mécanique*, p. 111, — *Mécanique appliquée*, p 300, — *Aide, Mémoire de Mécanique*, p. 227.

Pour nous mettre à l'abri de toute déception, nous prendrons le minimum de l'estimation de ces auteurs.

et nous ne compterons pour l'effet de la turbine que sur 70 pour cent de la force du courant.

Dans un projet que nous devons au célèbre Arago , membre actuel du Gouvernement , il ne s'agit pas de moins que d'élever pour la ville de Paris *quinze mille pouces d'eau à quarante-trois mètres de hauteur , au moyen de turbines Fourneyron* (1).

Quant aux pompes à pistons plongeurs , les mêmes auteurs pensent qu'on obtient *de 75 à 92 pour cent du travail moteur développé sur la tige du piston.* (Daubuisson p. 469, 470, 526. — Armengaud, p. 152. — Sonnet , p. 541. — Combes , *Élémens d'exploitation* , t. III, p. 451 , et 455.)

« On ne s'expose pas à commettre une erreur préjudiciable dans la pratique, dit ce dernier ingénieur, (l. c. p. 442), en admettant que , pour des pompes à pistons pleins, qui seraient bien établies, bien entretenues , et mises en mouvement par des roues hydrauliques imprimant aux maîtresses tiges une vitesse inférieure à 0 m., 40 par seconde , le travail absorbé par les résistances passives de tout genre , inhérentes

---

(1) J'ai donné l'historique de ce magnifique projet, dont la réalisation ne se fera sans doute pas attendre, au tome 1er de cet ouvrage, p. 689 à 698, en 1844. Les turbines de Burdin, moins avantageuses que celles de Fourneyron, donnent cependant de 0,65 à 075 pour cent de la force motrice. — *Annales des Mines.* 1828. — Coriolis, *Traité de l'effet des Machines,* in-4°, 1844, page 559.

Les machines du projet pour Paris devront avoir *vingt fois* la puissance des nôtres.

au jeu des pompes, sera généralement compris entre les quinze centièmes et les vingt centièmes du travail utile effectif, *mesuré par le produit de l'eau réellement élevée, et par la hauteur à laquelle ce volume d'eau est porté.*

» Quant au déchet des pompes de ce genre, il est généralement inférieur à dix pour cent du volume engendré par l'excursion des pistons... »

Comme nous l'avons fait pour la turbine, nous admettrons encore ici le *maximum* de perte ou le *minimum* d'effet, et nous ne compterons en produit que les soixante-et-dix centièmes du travail moteur développé sur les tiges des pistons.

Dans le projet adopté, deux mètres cubes d'eau, par seconde, chûtant de neuf mètres de hauteur, équivalent à 18 mètres cubes chutant d'un mètre ;

La force brute est donc de 18,000 kilogrammètres.

Les turbines utilisant, *au moins*, les 70 centièmes de cette force, nous aurons sur leur axe une puissance de $18,000 \times 0,70 = 12,600$ kilogrammètres.

L'ensemble des résistances passives et pertes occasionnées par le jeu des pompes étant, *au plus*, de 30 pour cent, l'effet utile produit sera, *en poids d'eau montée*, les 70 centièmes de la force agissant sur la tige des pistons, soit : $12,600 \times 0,70 = 8,820$ kilogrammètres.

8,820 litres élevés à 1 mètre, représentent 220 litres 50, élevés à 40 mètres ; soit 952 pouces 1/2.

Et la *Compagnie Lyonnaise* ne s'était sagement engagée qu'à amener *huit cents pouces* d'eau à Nimes.

VI.

Mais la question du volume de la fourniture n'est pas restée enfouie dans les livres ; elle a été posée par les divers concurrens pour notre ville, et décidée par les cinq Ingénieurs juges des projets ; — j'ai donc l'avantage de pouvoir surabondemment fournir des documens qui méritent la plus entière confiance.

Dans l'exposition de son propre système, M. l'ingénieur Surell a avancé qu'avec une chute franche de huit mètres, et deux mètres cubes d'eau dérivée, il élèverait 600 pouces d'eau à 54 mètres de hauteur.

» En comptant, dit-il, sur une chute franche de 8 mètres, sur un volume d'eau de 2 mètres cubes, nous avons une force disponible de 16,000 kilogrammètres ; or, 600 pouces d'eau élevés à 54 mètres représentent 7,500 kilogrammètres. L'effet à produire est donc les 0,47 de la force disponible : ce qui est tout-à-fait dans les limites qu'il est permis d'atteindre avec des machines bien construites, dans les conditions où nous nous trouvons. » (1)

Calculant plus tard un projet plus réduit, aussi pour la ville de Nimes, le même ingénieur dit encore : « 400 pouces élevés à 54 mètres équivalent à un travail de 5,000 kilogrammètres ; et pour le produire avec une chute de 8 mètres, il faut un volume d'eau

(1) *Note à l'appui d'un projet de conduite d'eau*, par M. Surell, p. 6-9. — Le présent ouvrage, t. I, p. CXL-CXLIV.

de 1 m. c. 32. » (1) Ce qui porte toujours l'effet utile aux 47 centièmes.

Suivant M. l'ingénieur Dombre : « avec 6 mètres de chute et 3 mètres cubes d'eau chutante, on pourrait élever 600 pouces d'eau à 44 mètres. (2)

Il a développé lui-même son idée dans une note qu'il m'a fournie : = « Avec une chute de 6 mètres, » quand le Gardon débitera 3 mètres cubes d'eau par » seconde, la force disponible sera de 18,000 kilo- » grammètres ;

» Avec deux mètres cubes, elle sera de 12,000.

» La hauteur ascensionnelle étant de 44 mètres, » *en supposant qu'on utilise* SEULEMENT 0,35 *de la* » *force disponible*, on obtiendra avec 3 m. c. 650 p.

» Avec deux mètres cubes . . . . 433 (3)»

Si au lieu d'adopter le coëfficient de M. Dombre, qu'il ne donne lui-même que comme très-faible, nous adoptions celui de M. Surell qui est d'un tiers plus fort, nous aurions environ :

Avec les trois mètres cubes. . . . 866 pouces,

Et avec les deux 577   id

Si, laissant l'hypothèse de mon ancien projet de St-Privat, nous en venons maintenant à celui que nous avons formulé le dernier, qui a été adopté par la Commission spéciale d'ingénieurs, par le Conseil

(1) *Note explicative de son second projet*, par M. Surell.

(2) *Rapport sur l'exploration de l'aqueduc romain*, par M. Dombre, p. 29. — T. i, p. cxviii du présent ouvrage.

(3) Le présent ouvrage *sur les eaux de Nimes*, t. ii, p. 103.

municipal, et qui est aujourd'hui soumis à la Commission d'enquête, nous trouvons : qu'avec deux mètres cubes d'eau chutant de 9 mètres, nous avons une puissance de 18,000 kilogrammètres. La hauteur ascensionnelle étant de 40 mètres , nous n'aurons en produit que 680 pouces, si nous calculons avec le coëfficient de 0,55 ;

Mais nous obtiendrons 928 pouces si nous calculons avec celui de 0,47.

En effet, 18,000 k. m. $\times$ 0,55 $=$ 6,300 kilogrammètres.

La hauteur ascensionnelle étant de 40 mètres , les pompes élèveront par seconde :

$$\frac{6,300}{40} = 157 \text{ lit. } 50 = 680 \text{ pouces.}$$

Dans la seconde hypothèse , avec le coëfficient de 0,47, nous aurions :

18,000 k. m. $\times$ 0,47 $=$ 8,460 kilogrammètres. Tenant compte de la hauteur qui reste la même , il nous viendrait :

$$\frac{8,460}{40} = 211,50 \text{ litres} = 927 \text{ pouces } 68.$$

La moyenne des deux résultats serait 755 pouces ; mais le premier est évidemment trop faible. M. Dombre n'établissait sa base de calcul que comme un pisaller , et, ce qui le prouve, c'est que , lorsqu'il a été chargé de défendre les intérêts de la ville et d'assister à la rédaction du traité avec la *Compagnie Lyonnaise*, il a toujours soutenu qu'avec les élémens de l'entreprise (chute 9 m., volume 2 m. c. et ascension 40 m.),

les machines devraient donner, *au minimum*, *huit cents pouces;* et que dans le rapport de M. Michel, il fit imprimer ce paragraphe : « Les machines devront
» être d'une puissance telle, que, *pour chaque mètre*
» *cube d'eau* débité à la seconde par le canal de deri-
» vation, elles élèveront *quatre cent cinquante pouces*
» *d'eau* dans la cunette du Pont-du-Gard. = Soit en
» total 900 pouces. »

Toutefois, la Compagnie ne se fixa qu'à huit cents, par prudence.

VII.

On le voit donc, dans les conditions du projet, et d'après les auteurs les plus respectables, on pourrait amener à Nimes — 950 pouces. — Si, avec le premier coëfficient de M. Dombre, évidemment trop faible, on n'avait que 680 pouces, il n'a pas tardé lui-même à réclamer davantage, à se fixer à 900 ; M. Surell arrive à 927.

Le chiffre de 800 pouces, sur lequel comptaient la ville de Nimes et la Compagnie lyonnaise, est donc un chiffre raisonnable et que rien n'empêche d'atteindre.

Le coëfficient de 0, 45, adopté en dernier lieu par M. Dombre, et celui de 0, 47, toujours soutenu par M. Surell, seront loin de paraître trop élevés quand on saura que M. Mary, ingénieur en chef, chargé du service municipal des eaux de Paris, m'écrivait : — « Qu'on pouvait parvenir sans difficultés à un rende-

» ment de 0, 65, et que, pour lui, *dans des circons-*
» *tances peu favorables, il avait obtenu en effet utile,*
» *mesuré sur le volume d'eau monté dans le réservoir,*
» *soixante pour cent de la force absolue du moteur* (1).

Si nous adoptions ce dernier chiffre, nous aurions : 18,000 k^m $\times$ 0, 60 = 10,800 k^m qui, divisés par la hauteur : $\frac{10,800}{40}$ = 270 litres, soit 1166 pouces.

« Les turbines, m'écrivait M. Diday, ingénieur des
» mines à Marseille, utilisent 70 et jusqu'à 75 pour
» cent du travail moteur. Or, en un mot, des turbines
» donnant le mouvement à des pompes à plongeurs,
» c'est-à-dire *un moteur utilisant les trois quarts du*
» *travail, et des pompes donnant la presque totalité*
» *du produit calculé;* voilà, selon moi, ce qu'il y
» aurait de mieux pour élever les eaux dans les con-
» ditions où vous vous trouvez (2). »

En supposant que les résistances et les déperditions des pompes s'élèvent à dix ou quinze pour cent, l'opinion de M. Diday se rapprocherait de celle de M. Mary.

A l'époque où la Compagnie lyonnaise ne voulait conduire que six cents pouces d'eau à Nîmes, mon projet avait été calculé dans ce but; et la Commission spéciale d'ingénieurs qui fut chargée de l'examiner, s'exprime ainsi dans son rapport (1) :

« Chaque mètre cube d'eau du Gardon, amené,

(1) *Voy.* le présent ouvrage, tom. II, p. 172.
(2) *Ibid.* tome II, p. 481.
(3) *Voy.* dans cet ouvrage, t. II, p. LXIV.

» avec une chute de huit mètres , par des machines
» hydrauliques susceptibles de réaliser 0, 40 d'effet
» utile , suffirait à faire monter à 40 mètres un volume
» d'eau représenté par :

$$\frac{1 \text{ m. c. } \times 8 \text{ m. } \times 0, 4 \times 4,320}{40} = 546 \text{ p.}$$

» Or , d'une part, on ne peut craindre que le débit
» du Gardon à Collias , dans les sècheresses les plus
» prolongées, tombe au-dessous de $\frac{600}{546} = 1$ m. c., 74
» par seconde ; et , d'autre part, *le coëfficient 0,40,*
» *est certainement au-dessous de ce qu'il sera possible*
» *d'obtenir avec de bonnes machines.* »

Eh bien , même avec ce quotient réduit , dans le
projet actuellement soumis à l'enquête, la chute d'eau
se trouvant portée à 9 mètres, et le volume à 2 mètres
cubes, nous aurions :

$$\frac{2 \text{ m. c. } \times 9 \times 0, 4 \times 4,320}{40} = 777 \text{ pouces.}$$

Toutefois , d'après tout ce qui précède , et d'après
l'avis de la Commission elle-même , je puis adopter
un coëfficient plus fort sans témérité , et dès que j'arrive à 900 pouces, avec le coëfficient de 0,45, il est
évidemment prouvé que la ville peut compter , *au
moins,* sur 800 pouces (1).

La Commission d'examen nous proposait elle-même
de relever notre barrage à Collias, de façon à porter
la chute à dix mètres ; nous aurions obtenu ainsi ,

(2) *Voy.* t. ii, p. 589.

toujours avec le coëfficient de 0, 40, et pour 2 mètres cubes d'eau dérivée, 910 pouces dans l'aqueduc romain. On voit que la Commission ne craignait pas d'exhausser la prise d'eau encore plus que nous ; mais ce ne serait peut-être pas sans inconvénient (1).

A la fin de son œuvre, M. le rapporteur de la Commission spéciale crut devoir consigner son opinion personnelle sur le système de machines à préférer pour utiliser une chute de huit à onze mètres.

« Je pense, disait-il, qu'aux roues à augets (2), à
» cause de leurs énormes dimensions; aux turbines (3);
» à cause de la rapidité de leur mouvement qu'il
» faut transformer en mouvement très-lent, on devrait
» préférer les machines à colonne-d'eau, employées
» avec tant d'avantages en Allemagne et en Bretagne,
» dans les mines de Huelgoat.
» Le mouvement de l'appareil moteur est de même
» nature et de même vitesse que celui des pistons des
» pompes, et l'effet utile serait certainement su-
» périeur à celui que donnerait toute autre ma-
» chine (4). »

Je reçus cet avertissement avec la déférence que je devais aux lumières de l'honorable rapporteur ; toutefois, je me réservai de consulter à ce sujet

(1) *Voy.* t. ii, p. lxx de cet ouvrage.
(2) Proposées par M. Surell.
(3) Proposées par l'auteur de cet ouvrage.
(4) T. ii, p. lxxi de cet ouvrage.

l'auteur si connu des machines d'Huelgoat, lui-même,
M. l'ingénieur en chef des mines Juncker (1).

J'eus l'honneur de lui écrire , et quelque temps
après il se présenta chez moi et me dit : « J'ai mieux
» aimé voir les choses et les lieux que de répon-
» dre de Paris à votre *Mémoire ;* allons au Pont-du-
» Gard..... »

Nous nous mîmes aussitôt en route ; j'étais plein
d'une vive reconnaissance pour la générosité des procédés et l'ouverture de cœur de cet ingénieur habile,
à l'égard d'un homme sans autre titre auprès de lui
que sa persévérance et son zèle. Nous causâmes constamment en route de l'objet de mes préoccupations ,
et je pus bientôt exposer mon projet complètement,
sur place.

M. Juncker me dit : « Votre chute d'eau sera très-
» belle , la position de vos machines est favorable et
» je ne doute pas qu'avec un bon constructeur vous
» n'obteniez l'effet désiré. — Vous hésitez entre l'em-
» ploi de la turbine et celui de la machine à colonne-
» d'eau; *votre chute n'étant que de neuf mètres , je*
» *crois la turbine préférable.* Comme, pour la machine
» à colonne-d'eau il faudrait donner au moins deux
» mètres de course au piston moteur, il y aurait une
» trop grande inégalité proportionnelle de force en-
» tre le commencement et la fin des évolutions (2).

(1) T. ii, p. 587-588 *ibid.*

(2) M. le professeur Colladon m'avait fait les mêmes observations à Genève.

» D'autre part , je suis moins disposé que personne
» à nier les avantages de la machine à colonne-d'eau
» si justement exposés par M. Varin , et *avec quel-*
» *ques modifications , il serait peut - être possible*
» *d'atténuer les inconvéniens , et de conserver les*
» *avantages.....*

» J'y réfléchirai.

» Quand les élémens de l'entreprise seront défini-
» tivement arrêtés, venez me voir et je vous indique-
» rai, après les calculs nécessaires , le meilleur parti à
» adopter suivant la position des choses..... »

M. Juncker , qui m'avait traité d'une manière si
flatteuse , me promettait des secours bien précieux
pour l'avenir ; — c'était une garantie certaine de
réussite, tant pour la ville que pour la compagnie que
j'avais formée.

VIII.

Après le témoignage des auteurs que j'ai cités ,
d'hommes tels que MM. d'Aubuisson , Combes , Armengaud, Bourgery, Sonnet , Morin , Coriolis, Fourneyron, Arago ;— après l'opinion, sur le même objet,
d'ingénieurs connus à Nimes comme MM. Dombre ,
Surell, et MM. Varin, Vinard, Bouvier, Delamarck,
juges du concours ; — après les adhésions remarquables de MM. Mary, Diday, Juncker lui-même, je pouvais regarder ma tâche comme accomplie : — J'avais
prouvé aux plus incrédules que, *par une bonne exécu-*
tion de mon système, la ville de Nimes recevrait huit
cents pouces d'eau, au minimum.

Que pouvait-on me demander de plus ? — Rien assurément ; — mais je voulus faire davantage.

Je savais que les villes comme les particuliers, que les citoyens peu éclairés surtout, ne donnaient pas toujours leur confiance sans réserve aux déductions scientifiques, et même aux conseils des hommes les plus éminens.

Je savais qu'une objection, à laquelle il était convenable de répondre à l'avance, serait formulée ainsi : — « Tout ce que vous avancez peut être vrai ; mais » avez-vous quelqu'un *qui se charge de réaliser l'effet* » *promis, et à un prix déterminé ?...*

Je pouvais, à la vérité, répondre au public : « *La* » *Compagnie forfaitaire s'en charge...* » Mais celle-ci, quoique plus éclairée que la masse, ne devait pas être fâchée de réunir toutes les garanties possibles dans son entreprise.

Sous l'influence de ces idées, je me décidai à m'adresser à un praticien, à un constructeur, à un homme qui, pour l'établissement des machines, pût traiter à forfait aussi, soit avec la ville elle-même, soit avec la Compagnie qui la représenterait.

Je crus, pour cela, ne pouvoir mieux faire que de recourir à M. Abadie, généralement connu par ses belles constructions hydrauliques de Toulouse, et par les publications si répandues de M. d'Aubuisson de Voisins.

Il y a trois ans *que, répondant déjà, bien à l'avance, à ce qu'on demande maintenant*, je disais :

« Je ne donne ni description, ni dessin, ni devis

de machine, et cela par une raison toute simple :
— C'est qu'il vaut beaucoup mieux pour la ville, et
même pour une compagnie, traiter à forfait sur un
objet pareil, avec un constructeur connu et qui ré-
ponde de son ouvrage et du produit, que d'exécuter
elles-mêmes.

» En dressant mon premier projet, je n'avais pas
manqué de demander à M. Abadie les plans, devis,
calculs de la machine qu'il pourrait employer ; — il
me répondit :

« Ce sont des pièces que je ne donne pas. — *Je ne*
» *traite qu'à forfait et je garantis les effets que je*
» *m'engage à produire.* Lorsqu'on fait marché pour
» une machine à vapeur, l'on ne s'enquiert pas du
» devis, mais bien de l'effet qu'elle peut donner ; ce
» n'est qu'ainsi que j'ai l'habitude d'agir.

» Toutefois, j'ai fait pour moi les plans, calculs et
» devis nécessaires pour arriver à fixer le prix et le
» produit de la machine que vous me demandez ; en
» voici les résultats :

» Avec une chute de 6 mètres (1) et 1, 50 mètre
» cube par seconde pour minimum d'eau motrice,
» la quantité d'eau que j'élèverai, *et que je garan-*
» *tirai* à 44 mètres de hauteur, sera de 450 pouces
» fontainiers, ou bien de 8,600 mètres cubes par
» vingt-quatre heures.

» Voilà l'engagement que je puis prendre, et je
» répondrai de la machine dont le faible entretien

(1) Il s'agissait alors de mon projet de St-Privat.

» pourra être confié à un ouvrier ordinaire. Le prix
» de cette machine, mise en place et remplissant les
» conditions exigées, serait de cent soixante mille
» francs ; son entretien annuel serait d'environ dix-
» huit cents francs.

» La valeur du bâtiment qui devra renfermer les
» machines n'entre point dans ce prix, non plus que
» les tuyaux d'ascension.

» Une machine *appropriée à la chute de dix mètres*
» *et pouvant élever mille pouces d'eau à quarante mè-*
» *tres de hauteur*, coûterait deux cent quarante mille
» francs.

» On n'irait pas à trois cent mille francs pour une
» machine pouvant élever 1,350 pouces d'eau à 38
» mètres, au moyen d'une chute de douze mètres et
» d'un volume d'eau motrice de deux mètres cubes. »

J'ai vu les plans et devis de M. Abadie, pour la
première des machines que j'indique, et du reste il
m'a laissé sa cote de prix et de produit pour toutes
les chutes d'eau que la ville pourrait créer, depuis
quatre mètres jusqu'à douze ; et suivant les débits
d'eau motrice pour chaque hauteur, depuis un mètre
cube par seconde jusqu'à trois.

Quelles que soient les conditions de puissance motrice que la ville préfère, elle trouvera là les renseignemens désirables sur la dépense et les produits (1).

Ce tableau, me paraissant utile, je le reproduis

(1) Tom. II, p. 271 et 272 de cet ouvrage.

ici. — La *Turbine* serait l'organe qui transmettrait aux pompes l'action de l'eau chutante.

1° *Dérivation d'un mètre cube par seconde*

Une chute de 4 m. donnera à 46 m. de haut. 180 pouces.

—	id.	à 44	190
—	6	à 44	290
—	id.	à 42	305
—	8	à 42	400
—	id.	à 40	420
—	10	à 40	530
—	id.	à 38	555
—	12	à 38	670
—	id.	à 36	705

2° *Dérivation d'un mètre cube et demi par seconde.*

Une chute de 4 m. donnera à 46 m. de haut. 275 pouces.

—	6	à 44	450
—	8	à 42	600
—	10	à 40	800
—	12	à 38	1,000
—	4	à 44	285
—	6	à 42	450
—	8	à 40	650
—	10	à 38	840
—	12	à 36	1,055

3° *Dérivation de deux mètres cubes par seconde.*

Une chute de 4 m. donnera à 46 m. de haut. 360 pouces

—	id.	à 44	570

Une chute de 6 m. donnera à 44 m. de haut. 580 p.

—	*id*.	à 42	605
—	8	à 42	800
—	*id*.	à 40	840
—	10	à 40	1,060
—	*id*.	à 58	1,115
—	12	à 58	1,160
—	*id*.	à 56	1,225

On voit par ce tableau qu'avec une dérivation de deux mètres, une chute de neuf et une hauteur ascensionnelle de quarante, le produit à obtenir doit se trouver, au numéro 5, entre les chutes de 8 et de 10 mètres, c'est-à-dire, entre 800 pouces et 1,060; soit 950 pouces, ce qui concorde avec les quantités déjà citées.

Avec une dérivation d'un mètre et demi cube, seulement, nous serions, au numéro 2, entre les chiffres 650 pouces et 800, soit 715 pouces, ce qui serait encore un assez beau résultat, surtout avec la garantie à forfait d'un constructeur habile et éprouvé.

Après avoir correspondu quelque temps avec M. Abadie, je le sollicitai de se rendre sur les lieux pour qu'il n'y eut aucune chance d'erreur dans ses déterminations. Il vint de Toulouse avec son fils, et nous visitâmes les bords du Gardon ensemble, comme je l'ai fait plus tard avec M. Juncker. Ce ne fut qu'après cette exploration que le tableau précédent me fut remis.

Depuis lors, M. Abadie père est mort; mais son fils, constructeur praticien comme lui, et beaucoup plus avancé dans les connaissances théoriques, m'a écrit qu'il était prêt à tenir tous les engagemens et offres du premier.

Je ne pouvais rien faire de mieux pour assurer la marche de l'affaire, tant pour la ville que pour la compagnie.

M. Abadie n'est point, du reste, le seul constructeur habile que la France possède.

M. l'ingénieur Fourneyron a attaché son nom au perfectionnement de la turbine ; il transmit, dans le temps, ses conditions à M. Dombre.

On doit à M. Cordier les services hydrauliques de Béziers, sa patrie, d'Angoulême, de Reims, de Genève.

M. Mellet, à Lodève, constructeur, frère d'un ingénieur très-connu, a produit aussi beaucoup d'artifices hydrauliques.

MM. Cartier et Piett, à Paris ; M. Taylor, à Marseille, ont une réputation faite.

M. Juncker m'a particulièrement recommandé M. Cavé de Paris, comme un homme consciencieux, habile, connu par de très-beaux travaux.

Enfin, M. Hubert, se réclamant du patronage honorable et spécial de M. l'ingénieur Combes, professeur d'exploitation à l'école des mines, m'avait prié de le mettre en rapport avec la compagnie lyonnaise. Il a créé les services hydrauliques de Vitry-le-Français, de St-Germain-en-Laye, de Chartres, et s'occupe de celui de Cette.

On voit que Nimes ne sera pas au dépourvu de constructeurs quand le moment sera enfin arrivé. Une fois les élémens du problème positivement fixés, l'emploi des meilleurs organes mécaniques pourrait faire l'objet d'un concours, où les compétiteurs ne récuseraient pas pour juges des hommes tels que MM. Combes, Juncker, Varin, tous ingénieurs en chef au corps des mines, le plus apte, sans contredit, à décider en pareille matière (1).

CONCLUSION.

J'ai répondu, je crois, à toutes les difficultés et objections soulevées dans l'enquête.

Après avoir scrupuleusement fait connaître toutes les oppositions, j'ai posé les principes généraux du droit en pareille matière ;

Puis j'ai combattu les prétentions des riverains du Gardon, supérieurs au barrage projeté ;

---

(1) Dans l'indication des constructeurs qui précède, je ne devais pas comprendre ceux de Nimes ; ils sont assez connus dans la localité.

Le concours me parait utile, en ce sens qu'un constructeur habile établira plus facilement les détails d'une machine qu'un ingénieur ; — qu'il répond du produit et, par conséquent, doit être plus libre dans sa conception ; — et qu'enfin plusieurs exploitent certains procédés utiles exclusivement par brevet. Ils affectionnent presque tous, d'une façon particulière, des organes spéciaux ou des appareils mécaniques dont ils tirent un parti plus avantageux que les autres. Chaque atelier *a ses secrets*. Ce sont donc les constructeurs qui doivent dresser leurs projets de machines, sous réserve toutefois d'approbation, modifications ou rejet par les hommes de la science. A Toulouse, M. Abadie refit trois fois les calculs, plans et devis de la sienne avant l'acceptation.

Les allégations de la commune de Collias ;

Celles de Comps et Montfrin ;

Celles des localités parcourues par l'antique aqueduc.

J'ai fixé l'état de la question relativement aux machines à construire, et à la quantité d'eau que Nimes retirera de l'entreprise (*Voir les notes* A *et* B *ci-après.*)

J'ai cru devoir, en commençant, réfuter les deux mémoires de M. Pagès sur un projet peu réfléchi ;

Et j'ai conseillé à la ville de Nimes d'exécuter elle-même l'entreprise des eaux, et d'y employer les ouvriers de ses ateliers publics.

Maintenant, j'attends avec confiance le jugement de la Commission d'enquête, de ce tribunal devant lequel la marche régulière de l'affaire a dû m'appeler aussi.

Quelle que puisse être l'utilité de mon nouvel écrit, mes Juges le recevront, je l'espère, comme un témoignage d'une conviction inébranlable sur les avantages du projet, et d'un dévoûment persévérant aux intérêts de la ville de Nimes.

Anduze, le 15 mai 1848 (1).

(1) Si quelque grave erreur s'était glissée dans cette brochure, je dirais, pour m'excuser, que j'ai dû l'écrire en quinze jours et que je n'avais sous les yeux aucune des pièces officielles du projet. Celles qui m'appartiennent se trouvent même à Nimes, et c'est à Anduze que je travaille en ce moment.

NOTES.

NOTE A.

Machine à Colonne-d'Eau.

Voici les premiers délinéamens, les conditions principales de l'établissement de la machine à colonne-d'eau, telle que M. Varin l'avait conçue pour la réalisation de l'un de mes projets, le 17 novembre 1846.

Élémens du Problème :

Prise d'eau ou volume de liquide chutant, par seconde.............................. 1,50 mètr. c.

Hauteur de la chute..................... 12,00 mètr.

Hauteur d'ascension ou distance verticale du bief supérieur à l'aqueduc romain............. 36,00 mètr.

Moteur 1500 kil. $\times$ chute 12 m. $\times$ 0,60 effet utile = 10,800 kilogr. mètr.

$$\frac{10,800 \text{ kil. mètr.}}{75} = 144 \text{ chevaux vapeur.}$$

$$\frac{10,800 \text{ kil. mètr.}}{36} = 300 \text{ litres par seconde} = 1306 \text{ pouces.}$$

On construirait deux machines :

Dans chacune, le moteur devrait admettre par seconde 750 litres d'eau ;

Chaque pompe devrait fouler par seconde 150 litres.

La course des pistons étant la même, les aires des cylindres seront : : $\frac{750}{150} = \frac{75}{15}$, juste un cinquième l'un de l'autre.

Si la machine est à simple effet et qu'on ait une vitesse de 0,30 par seconde à la montée, et de 0,70 à la descente, la vitesse moyenne pendant une montée et une descente sera de 0,30

+0,70 = 1 mètre en deux secondes, ou 0m. 50 par seconde, et la vitesse utile sera seulement de 0,25.

Ainsi, pour débiter l'eau motrice on a :

0 m. c., 750 = 0,250 $\times$ X m. q., ou bien , X = $\dfrac{750}{250}$ = 3 m. q.

Le grand piston aurait donc une aire de trois mètres carrés et un diamètre de 1 m., 96.

La pompe aurait une aire de 150 = $\dfrac{600}{250}$ = $\dfrac{0}{1000}$ m. q., 600, et le diamètre 0 m., 90.

Le cylindre aurait 2,50 de course libre, ce qui fait 10 secondes pour la durée d'un double coup.

Tuyaux de chute : vitesse minimum 2 m., 50 par seconde. Débit ou volume, 0 m., 750 = 2 m. c., 50 $\times$ m. q.

X m. q. = 500. Diamètre = 0,62.

Diamètre des tuyaux d'ascension : vitesse 2 m. ; débit 0 m. c., 150 = 2 m. $\times$ X m. q.

X. m. q. = 0,075. Diamètre = 0,52 ; soit, dans la pratique, 0 m. 55.

Appliquons les mêmes calculs aux données du problème actuel, qui sont :

Volume d'eau chutante................. 2 mètres cubes,

Hauteur de la chute................. 9 mètres,

Hauteur d'ascension................. 40 mètres.

Moteur 2000 kil. $\times$ chute 9 m. $\times$ 0,60 effet utile = 10800 kilogrammètres.

$\dfrac{10800 \text{ kil. mètr.}}{75}$ = 144 chevaux.

$\dfrac{10800 \text{ kil. mètr.}}{40}$ = 270 litres par seconde = 923 pouces.

On construirait deux machines.

Dans chacune, le moteur devrait admettre par seconde 1,000 litres d'eau.

Chaque pompe devrait fouler par seconde 155 litres.

La course des pistons étant la même, les aires des cylindres seront : $\dfrac{1000}{135} = 7,7$, entre le septième et le huitième l'un de [l'autre.

Si la machine est à simple effet et qu'on ait une vitesse de 0 m., 30 par seconde à la montée, et de 0 m., 70 à la descente, la vitesse moyenne pendant une montée et une descente sera de $0,30 + 0,70 = 1$ mètre en deux secondes, ou 0 m., 50 par seconde, et la vitesse utile seulement de 0 m., 25.

Ainsi, pour débiter l'eau motrice on a : 1 m. c. $= 0$ m., 25 $\times$ X m. q.. ou bien, $X = \dfrac{1000}{250} = 4$ m. q.

Le grand piston aurait donc une aire de quatre mètres carrés et un diamètre de 2 m., 24.

La pompe aurait une aire de $135 = \dfrac{540}{250} = \dfrac{}{1000}$ à 0 m. q., 54 et le diamètre 0,81.

Le cylindre aurait 2 m., 50 de course libre, ce qui fait 10 secondes pour la durée d'un double coup.

Tuyaux de chute : vitesse minimum 2 m., 50 par seconde ; débit ou volume 1 m. c. $= 2$ m., 50 $\times$ m. q.

X m. q. $= \dfrac{1 \text{ m. c.}}{2,50} = \dfrac{4}{10} = 0,4$ pour l'aire ; diamètre 0,70.

Diamètre des tuyaux d'ascension : vitesse 2 m.; débit 0 m. c., $135 = 2$ m. $\times$ X m. q.

X m. q. $= 0,067$; diamètre 0 m., 28 ; soit dans la pratique 0,30.

NOTE B.

—

Renseignemens nouveaux sur l'effet des Turbines.

En 1845, lorsqu'il s'agissait de n'employer que la chute des moulins de Lafoux pour élever l'eau dans l'aqueduc romain, M. Charles Dombre écrivit à son confrère M. l'ingénieur Fourneyron, à l'effet d'avoir des renseignemens sur la turbine qu'il avait perfectionnée, et celui-ci répondit à la date du 21 mars.

» Les données sont :

» 1° Que la hauteur à laquelle les eaux seront poussées pourra varier de 50 à 54 mètres ; et la longueur des tuyaux, pour arriver à l'aqueduc, sera de deux cents mètres.

» 2° Les niveaux d'amont et d'aval de la chute à créer changeront de cinq à six mètres suivant l'état du Gardon ; mais on espère que, même dans les cas extrêmes, la hauteur de la chute se maintiendra à environ 2^m 50.

» 3° Enfin, ce n'est que dans les années extraordinaires à l'étiage, que le produit du Gardon descend à deux mètres cubes par seconde, tandis qu'à l'étiage ordinaire, le produit est de 3, 50 mètres cubes par seconde.

» J'admettrai, dans ce qui va suivre, les conditions les moins favorables ; savoir :

» Le plus bas étiage.................... 2 mètres cub.,

» La plus grande hauteur d'élévation .... 54 mètres,

» La moindre chute motrice .... 2 m 50.

» Ces données acceptées, vous auriez deux systèmes de turbines et de pompes pouvant fonctionner isolément, ou simultanément lorsque l'eau serait assez abondante.

« *Avec les deux mètres cubes du plus bas étiage, la chute de* 2^m 50 *et la hauteur ascensionnelle de* 54^m, *on obtiendrait deux cents pouces de fontainier.*

» Une seule turbine, de la force de 50 à 60 chevaux, élèverait cette quantité ; — elle en élèverait davantage lorsque le Gardon roulerait un peu plus de deux mètres cubes d'eau par seconde.

» Les deux turbines, les pompes, les transmissions de mouvement, les vannes et les coursiers, mais non les bâtimens et les conduites, coûteraient de 220 à 280 mille francs, le tout mis en place...

» Toutefois, les chiffres qui précèdent n'étant pas le résultat de *calculs rigoureux, qui ne pourraient être obtenus qu'en faisant des plans et des projets bien détaillés et complets, ce n'est qu'une première approximation; qu'on regarde comme suffisante pour l'instruction de l'affaire dont il s'agit pour la ville de Nimes...*

On le voit, M. Dombre ne demande pas à M. Fourneyron des plans, projets et devis complets lorsque les conditions du problème ne sont pas définitivement arrêtées, et les deux ingénieurs ne cherchent qu'*une approximation suffisante pour l'instruction de l'affaire*, ce qui fut très-sage, puisque les élémens du problème ont si souvent varié depuis.

C'est un premier renseignement utile à tirer de cette lettre ; mais elle en renferme un autre qui ne l'est pas moins :

M. Fourneyron, qui promet d'élever deux cents pouces de fontainier avec deux mètres cubes d'eau chutante et une chute effective de 2^{m}50 seulement, n'en élèverait-il pas au moins 800 pouces avec le même volume d'eau motrice et neuf mètres de chute ?

$$25 : 200 :: 90 : X = 720.$$

Mais il ne s'agit plus aujourd'hui de pousser les eaux à 54 mètres de hauteur ; c'est seulement à 40, ce qui fait que la résistance est moindre de plus du quart : l'effet produit devant se trouver en proportion inverse, nous aurions environ neuf cents pouces.

En d'autres termes :

La force motrice étant, dans l'hypothèse posée à M. Fourneyron, 2,000 kil. chutant de 2^{m}50, soit 5,000 kilogrammètres, les deux cents pouces qu'il promet sont un effet égal à :

    4000 m. c. par vingt-quatre heures,

    166,66   par heure,

    2,7777 par minute,

    0,04685 par seconde, à une hauteur de 54 mètres, ce qui produit 2,495 kilogrammètres, soit, *en eau montée*, les cinquante centièmes de toute la force employée.

Si nous en venons aux conditions spéciales du problème à résoudre aujourd'hui, nous trouverons :

2,000 kilog. chutant de 9 mètres, soit 18,000 kilogrammètres;

et si nous adoptons le coëfficient de 50 pour cent ci-dessus, nous aurons :

$$\frac{2^{me} \times 9 \times 0,5 \times 4320}{40} = 972 \text{ pouces.}$$

On voit que l'autorité grave de M. l'ingénieur Fourneyron, à la fois homme de théorie et de pratique, vient pleinement confirmer nos calculs et notre manière d'agir.

Une autre opinion, qui doit être aussi du plus grand poids, dans la question qui nous occupe, c'est celle de M. Charles Combes, ingénieur en chef et professeur d'exploitation à l'école des mines.

La demande suivante lui fut adressée à Paris, en juillet 1845 :

« Un cours d'eau de 15,000 mètres cubes en 24 heures, arri-
» vant à Lyon sur la colline septentrionale à 35 mètres au-
» dessus de l'étiage du Rhône, si l'on utilise sur cette hauteur
» 25 mètres de chute, combien d'eau élèvera-t-on à 60 mètres
» au-dessus du canal d'amenée, pendant huit heures de la nuit,
» par le moyen d'une ou de plusieurs turbines?..... »

M. Combes écrivit de sa main au bas de cette note :

« $15000 \times \dfrac{8}{24} = 5000$ mètres cubes ;

» $5000 \times 25 = 125,000$ mètres cubes tombant d'un mètre.

» Les turbines réaliseront 55 pour cent de ce travail, *au moins,*
» c'est-à-dire 68750 mètres cubes élevés à un mètre.

» Les résistances passives occasionnées par le jeu des pompes,
» prendront 1|4 de ce travail, et, par conséquent, le volume
» d'eau élevé à 60 mètres au-dessus de la source, serait donné
» par l'équation :

$$X \times 60 = \frac{3}{4} \times 68750.$$

» D'où l'on tirerait :

» $X = 859.4$; soit 859 mètres cubes. »

Si nous calculons sur les mêmes élémens les données de notre projet pour Nimes, nous aurons :

2 mètres cubes par seconde $= 172,800$ m. c. par jour.

La chute étant de 9 mètres, il vient :

$172,800$ m c $\times 9 = 1,555,200$ m c tombant de 1 mètre.

Les turbines réaliseront *au moins* 55 pour cent de ce travail, c'est-à-dire $855,360$ m. c., élevés à 1 mètre.

Perte par le jeu des pompes, 1|4.

Le volume d'eau, élevé à 40 mètres au-dessus du canal d'amenée, sera donné par l'équation :

$$X \times 40 = \frac{3}{4} \times 855,360, \text{ soit :}$$

$$X = \frac{\dfrac{3}{4} \times 855,360}{40.}$$

$X = 16,038$ mètres cubes en 24 heures, soit 802 pouces modulés.

Et l'on remarquera que M. Combes regarde les 55 pour cent, réalisés par la turbine, comme un *minimum*, ce qui concorde avec tout ce que nous avons déjà dit à ce sujet.

A l'occasion du modèle d'une turbine perfectionnée par MM. Kœchlin et Comp^e, de Mulhouse, soumise à l'examen d'une commission de l'Académie des sciences, M. Morin fit, en 1846, un rapport dont les conclusions furent très-favorables aux inventeurs. Rappelant en quelques mots l'histoire des turbines, le Rapporteur dit :

» On désigne généralement sous ce nom un système de roues hydrauliques à axe vertical et qui peuvent fonctionner complétement immergées dans les eaux qui les font mouvoir. L'origine de la turbine est très-ancienne ; dès les temps les plus reculés de notre histoire, des appareils bien moins perfectionnés que ceux d'aujourd'hui, mais analogues, étaient en usage dans le Dauphiné, dans la Provence, dans le Languedoc, dans la Belgique et même en Algérie

» La commission chargée d'examiner la turbine construite par M. Kœchlin a déclaré : — que le nouveau moteur joignait aux avantages d'une installation facile celui d'utiliser d'une manière remarquable la puissance motrice des cours d'eau, et qu'il doit être placé dans le nombre des meilleures machines de ce genre.

» La première idée de cette turbine, d'après l'avis des commissaires, remonterait à Euler, et voici les divers degrés de sa force d'action :

» Quand la turbine fonctionne à son état normal et complètement ouverte, *elle donne un effet utile égal à 82 centièmes du travail absolu du moteur.*

» Quand la moitié seulement des canaux de circulation formés par les aubes sont garnis de leurs obturateurs, *l'effet utile est d'environ 70 à 71 centièmes du travail absolu du moteur.*

» Quand toutes les aubes sont garnies de leurs obturateurs, *le résultat est encore égal à 63 centièmes du travail absolu du moteur.*

» La dépense d'eau peut donc varier dans des limites étendues, sans que le moteur cesse de fonctionner avantageusement (1).

Messieurs Laurent et Deckherr, ingénieurs et constructeurs dans les Vosges, écrivaient le 1er janvier 1847 :

» Vous savez combien l'attention de l'industrie, qui repose sur la force hydraulique, est portée en ce moment vers le nouveau moteur qu'on appelle *Turbine*.

» Nous ne développerons pas ici les avantages de ces machines si importantes par leur solidité, leur durée, le peu d'emplacement qu'elles exigent, la simplicité qu'elles apportent dans la transmission du mouvement, la parfaite régularité de leur marche, leur propriété de fonctionner submergées, d'utiliser toute la chute, et surtout par leur rendement si élevé dans certains cas.....

(1) Gazette de Tr... du 2. juin 1846.

» Nous venons enfin de résoudre de la manière la plus complète, par une disposition extrêmement simple et entièrement nouvelle, le problème de varier la dépense d'eau en faisant varier la capacité même de la turbine

» Aujourd'hui nous en construisons à dépense d'eau variable avec rendement constant, c'est-à-dire, qui s'accomodent de tous les degrés dans la quantité de liquide qu'on veut leur départir, aussi bien que des différences qui peuvent arriver dans la chute ; leur rendement est considérable ; *il s'élève bien au-dessus de 75 pour cent que* nous garantissons, et se maintient à très-peu près dans les eaux rares comme dans les crues du sous-bief.

» La simplicité du mécanisme de notre nouvelle turbine nous permet de l'établir à des prix modérés.

» Dans les pays de montagne, dit M. Combes, les chutes d'eau ont fréquemment une grande hauteur et le volume des eaux motrices est faible. On utilise très-bien ces grandes chutes avec des roues à augets prenant l'eau en dessus ; mais celles-ci reviennent à un prix élevé et sont embarrassantes à placer en raison de leur grand diamètre.

» On peut leur substituer dans beaucoup de cas, avec avantage, des roues à axe vertical, soit comme les roues à réaction de Séguier et de Manoury d'Ectot, soit comme la roue d'Euler, dont le dispositif a été heureusement modifié par M. Burdin, M. Fourneyron et plusieurs autres ingénieurs [1].

» M. Arago disait, dans la chambre des députés, le 2 mars 1846 : — « J'établirai au Pont-Neuf une force de quatre mille chevaux ; — *Je me servirai pour cela d'une turbine améliorée*

---

[1] M. Combes, *Recherches théoriques et expérimentales sur les roues à augets* — Carilian, 1843.

Le même, *Traité de l'exploitation des Mines*, t. III, p. 125.

« Un illustre orateur, M. de Lamartine, demandait dernière-
ment *la vie à bon marché*; — Eh bien! nous aurons accompli
une partie de ce vœu quand nous aurons fait circuler l'eau partout à très-bas prix, quand nous l'aurons fait monter à tous les
étages dans les demeures où le pauvre se cache.....

» Vous ferez circuler, à bas prix, une eau abondante dans
tout Paris....

« Vous donnerez aux manufacturiers une eau pure, à la place
de l'eau bourbeuse dont ils sont obligés de se servir....... Vous
économiserez les frais d'arrosement des rues....

M. Dumon, ministre des travaux publics, trouvait ce plan
gigantesque; selon lui, — « on ne pourrait pas établir au Pont-
Neuf une machine de *la force de quatre mille chevaux*; il n'y au
rait pas pour cela assez d'eau dans la rivière; la Seine toute entière passerait dans les turbines; et si les chevaux de M. Arago
ont l'avantage de ne pas manger, de n'être pas malades, de ne
se reposer jamais, *ils ont l'inconvénient de trop boire*; ils boi-
raient la Seine toute entière.... »

Cette saillie fit sourire l'assemblée, mais M. Arago répliqua :
— « Mon plan n'est nullement gigantesque; il ne coûterait que
six millions à la ville et sept millions à l'Etat; — loin d'avoir
exagéré l'effet des turbines, je l'ai plutôt diminué... »

M. Kœchlin ajouta de sa place : — « La turbine produit près
de cent pour cent, et donne ainsi infiniment plus que les meilleures machines connues auparavant. » (1)

J'ai tenu à consigner ici, en terminant, les opinions d'un
savant illustre et d'un très habile manufacturier sur le rendement
et la puissance de la turbine.

J'ai pu compléter de plus, *par l'indication des dépenses à
faire*, ce que j'avais publié (2) sur le magnifique projet de

(1) Voy. les journaux des 3 et 4 mars 1840.
(2) Voy. mon ouvrage sur les Eaux de Nîmes, t. 4, p. 69.

MM. Fourneyron et Arago. J'exprimais, en 1844, le regret de n'avoir pu me procurer ce document *d'une dépense de treize millions;* — je le consigne ici, après l'avoir recueilli, pour ainsi dire, de la bouche d'un des auteurs de cette grande conception.

Nimes, le 8 juin 1845.

JULES TEISSIER.

APPENDICE.

DES MOYENS DE METTRE LA VILLE D'ALAIS À L'ABRI DES RAVAGES DU GARDON. [1]

A l'époque de la dernière réunion extraordinaire de la Société Géologique de France, la ville d'Alais, qui nous accorda une si bienveillante hospitalité, était heureuse et florissante : une seule chose lui manquait alors, de l'eau répandue avec abondance

[1] Nous l'avons dit plus d'une fois, la question soulevée par la désastreuse inondation du 20 septembre, malgré les consciencieuses méditations dont elle a déjà été le sujet et les fréquens débats qu'elle a provoqués, est loin d'être épuisée. Voici un homme d'une compétence incontestable, et à qui la ville d'Alais est redevable de l'initiative et de la propagation de l'idée d'utiliser le *Moulin-Neuf* pour la solution du problème, longtemps poursuivi et étudié, de la création de fontaines publiques, qui vient aujourd'hui apporter son tribut de patriotisme et de lumières dans la discussion relative à cet autre problème, bien plus redoutable, de la défense de la ville contre les irruptions du Gardon.

Nous appelons sur le travail suivant, qui nous est adressé par un savant compatriote, l'attention toute particulière de nos concitoyens.

(Note du *Mémorial d'Alais* du 17 janvier 1847, où ce travail fut primitivement inséré, ainsi que dans le n° du 24 janvier.)

14

dans tous les quartiers pour augmenter la salubrité générale, le bien-être des habitans, les ressources de l'industrie.

Convaincu que tel était le besoin le plus pressant de la cité, je m'occupai d'y pourvoir, et je lus à l'Hôtel-de-Ville, le 30 août dernier, un mémoire où je prouvai qu'il était facile de porter devant cet édifice de cent cinquante à deux cents pouces d'eau fontainiers, qui se répandraient ensuite en filets bienfaisans dans toutes les parties habitées. Quelques pouces élevés plus haut suffisaient pour la citadelle, la Maréchale, l'Hôpital et les habitations peu nombreuses qui entourent la place Villars. Il est bien inutile, en effet, de pousser toute la masse destinée à la ville jusqu'à la Maréchale, c'est-à-dire à une hauteur presque double de ce que l'état des lieux réclame, ce qu'on ne peut faire qu'aux dépens du volume, et, par conséquent, au préjudice de l'ensemble des habitans.

Deux cents pouces d'eau, cent cinquante au moins, c'était une richesse qui, tôt ou tard, aurait largement indemnisé la ville des efforts à faire pour se la procurer.

A peine ces conseils étaient-ils publiés, qu'un désastre épouvantable fondit sur la cité. Le Gardon débordant avec furie, franchissant ses digues, renversant tous les obstacles, envahit les quartiers bas, les plus populeux, les plus commerçans; rien ne put être soustrait à sa furie, ni préservé de l'immersion.

Les pertes étaient immenses ; je dus cesser toute sollicitation pour une entreprise utile, mais coûteuse; il fallait réparer d'abord les désastres actuels.

II.

Ce n'est pas la première fois que la ville d'Alais éprouve de pareils ravages par suite de l'invasion du Gardon.

« Le 10 septembre 1604 , entre quatre et cinq heures du soir , une grande inondation survint ; ses effets furent si désastreux , au rapport des chroniques municipales , que , « *par ce déluge , ravage et dé-* » *bordement d'eau qui dura environ cinq heures , les* » *habitans de la ville ont plus souffert que des pertes* » *qu'ils n'ont fait pendant les guerres civiles , prise et* » *reprise d'icelle et la peste qui y a été.* »

» Les clôtures furent renversées , les propriétés couvertes de gravier , les moulins à blé emportés , les arches et parapets des ponts détruits , les maisons envahies , les denrées et marchandises perdues , cinq maisons démolies , cent vingt mètres de rempart renversés ; plusieurs habitans perdirent la vie et beaucoup de bétail fut noyé.

» Les dommages furent évalués à deux cent mille écus .

» Une invasion de la rivière , qui a laissé le plus profond souvenir dans toute la population , fut celle du 15 septembre 1741 , qu'on désigne encore sous le nom terrible de déluge d'Alais. *Les eaux atteignirent le perron du clocher de la cathédrale ; neuf cent six maisons furent envahies* , les marchandises , meubles et effets détruits , les propriétés rurales ravagées ; les dommages furent évalués à environ 550 mille livres.

» Dans la nuit du 3 au 4 octobre 1768 , la ville et les faubourgs furent de nouveau envahis , et l'estimation des pertes s'éleva à environ 165 mille livres.

» Enfin , du 29 au 50 septembre 1815 , la ville fut frappée encore de ce terrible fléau , dont la plaie mal fermée vient de se rouvrir.

» Il est vrai qu'en 1741 , les eaux s'élevèrent dans la ville à une plus grande hauteur qu'en 1815 et en 1846 ; mais, cette dernière année , les désastres ont été plus considérables ; la ville est plus riche , plus prospère ; le commerce s'est agrandi ; le quai , récemment achevé, inspirait une sécurité fatale. Les déclarations font monter les pertes à plus de seize cent mille francs (1). »

III.

Voilà donc que cinq inondations, survenues en deux siècles, causent à la ville d'Alais un dommage de quatre millions ; en effet :

(1) Ce paragraphe est extrait du rapport fait au Conseil municipal d'Alais , dans la séance du 4 octobre 1846 , par M. Maximin d'Hombres , premier adjoint.

Les désastres de 1604 sont es-
timés à.................... 600,000 livres.

Ceux de 1741 à............. 550,000 —

Ceux de 1768 à............. 165,000 —

Ceux de 1815 furent au moins
de..................... 1,085,000 —

Enfin, ceux de 1846 sont esti-
més...................... 1,600,000 —

         Total.......... 4,000,000 livres.

Cette somme, déjà si forte, deviendrait énorme si l'on pouvait tenir compte de la différence dans la valeur de l'argent aux époques relatives, des produits qu'auraient engendrés les valeurs détruites, et de ces dommages annuels que la rivière cause par des inondations, moins fortes sans doute que les cinq que nous venons de citer, mais qui n'en sont pas moins un fléau, à périodes beaucoup trop rapprochées. Avec le Gardon, c'est par millions que la ville d'Alais doit compter, et le tableau des malheurs causés par ce torrent serait véritablement horrible, si quelqu'un pouvait le mettre sous nos yeux, complet pour toutes les époques.

La conséquence logique à tirer de ces réflexions, c'est qu'il faut lutter contre un ennemi aussi redoutable, avec toute l'énergie, avec tous les moyens dont la ville peut disposer, et que, toute affaire cessante, c'est là que doivent se porter les ressources et les efforts.

Mais, si l'on veut allier l'énergie à la prudence,

il faut, pour arriver à un succès certain, étudier sérieusement les circonstances diverses et les causes du désastre.

IV.

Dès qu'elles sortent des gorges des montagnes, toutes les rivières torrentielles voient leur lit s'exhausser peu à peu par l'effet des graviers qui se déposent, surtout dans les lieux où la pente devient moins rapide et où le lit augmente de largeur. Cette disposition funeste s'est accrue par le déboisement, la culture des montagnes et des terrains trop inclinés.

Alais, bâti à la naissance de la plaine *infracébennique*, construit tout-à-fait au bord de la rivière du Gardon, a toujours eu à lutter contre l'effet désastreux de l'exhaussement du lit du torrent ; le talweg de la rivière est, malheureusement, aujourd'hui presque au niveau de ses quartiers bas, qui se trouvent les plus peuplés et les plus commerçans.

Voilà la cause première, la cause capitale, essentielle, de ses désastres.

Il est encore quelques causes accessoires, comme — la largeur irrégulière, — le défaut de rectitude du lit de la rivière, — le peu de pente qui en est le résultat, — et l'obstacle que les ponts apportent au prompt écoulement des eaux dans les crues extraordinaires.

N'est-il aucun moyen de remédier à ce fâcheux état de choses ?

Le premier qui se présente à l'esprit, celui dont la nature se sert pour sauvegarder les terrains qui se trouvent au bord des rivières, c'est leur exhaussement progressif par les crémens naturels, par un colmatage continu qui devrait les exhausser dans les mêmes proportions que le fond du torrent s'élève, à l'effet de conserver ainsi un rapport convenable entre les rives et le lit.

Malheureusement, dans les villes, l'homme résiste tant qu'il le peut au comblement qui devrait seul le sauver. Après chaque inondation, il nettoie promptement les places et les rues ; il s'empresse de se débarrasser du sable, du limon que les eaux ont déposés ; il fait tant et si bien que, s'il pouvait suivre toujours le même système, la ville finirait par se trouver en contre-bas de la rivière. Même avant qu'on en arrive à ce point, la position est bien déplorable sans doute, mais comment décider, à Alais par exemple, les propriétaires de neuf cents maisons à sacrifier à la fois tous les étages inférieurs, ce qui, à dix mille francs seulement pour chaque habitation, produirait tout d'un coup une perte de *neuf millions*. Ce remède héroïque épouvantera toujours une population considérable.

Un palliatif plus doux est celui des quais, des murs de ceinture ; on l'adopte avec confiance quand, on a souffert ; il doit, au moins pour un temps

parer aux inconvéniens les plus graves. Ainsi, à Alais,
on s'entoura anciennement de murs ; mais , en 1604,
ces ouvrages furent renversés et de grands désastres
en suivirent. Nous aurions, sans aucun doute , des
exemples plus reculés encore à mentionner, si nous
connaissions mieux l'histoire locale. On releva les
murs à grands frais : ils furent renversés ou franchis
en 1741 , en 1768 , en 1815. Dans ces dernières
années , on venait de bâtir un quai de ceinture qui
semblait très-respectable, lorsque, cet automne même,
le parapet en est renversé, et la sécurité qu'inspirait cet ouvrage ne fait qu'augmenter la somme des
malheurs.

Aussitôt, la population effrayée implore les secours
des hommes de la science , qui répondent à son
appel, pour la rassurer : « qu'attendu que les ponts,
» celui du Marché surtout, gênent le cours de la
» rivière , on leur donnera une arche de plus , qui
» sera construite du côté des faubourgs de Roche-
» belle et d'Anduze ;

» Que le lit du Gardon sera élargi sur les points
» où il est très-étroit , au moyen du reculement de
» la route départementale no 19 , située sur la
» rive droite , et qu'on rapprochera davantage de la
» montagne ;

» Que les parapets du quai de ceinture seront
» exhaussés et fortifiés ;

» Que les ouvertures par lesquelles l'eau peut s'in-
» troduire dans la ville seront munies de vannages
» mobiles qu'on fermera à propos..... »

Il était sans doute urgent de redonner de la confiance, de la force, à une population désespérée ; il convenait de mettre sous ses yeux des moyens dont l'exécution parût simple, facile, et ne dût pas se faire attendre trop longtemps. A ce point de vue, la Commission speciale, dont M. d'Hombres a fait connaître l'opinion au Conseil municipal, a répondu aux besoins moraux du moment, en rassurant sur l'avenir ceux qui venaient d'éprouver de si cruelles souffrances. Mais, aujourd'hui, le devoir des bons citoyens est peut-être d'aller plus loin, et de chercher si les moyens indiqués seront assez efficaces pour atteindre complètement le but, pour remédier à tout, dans le présent et dans l'avenir.

V.

Les ponts gênent le cours de la rivière, celui du Marché surtout; on leur donnera une arche de plus......

Il ne paraît pas douteux qu'au moment de la dernière inondation, le pont du Marché n'avait pas un débouché suffisant; qu'il n'ait gêné l'écoulement, et occasionné en amont un rehaussement très-fâcheux de la ligne de flottaison, car il est possible que, si ce pont n'avait pas existé, le parapet du quai de ceinture n'aurait pas cédé à la pression extérieure. Quelques décimètres de charge de moins auraient peut-être suffi pour le conserver.

Toutefois, on aurait tort d'accorder trop de confiance à l'établissement d'une arcade supplémentaire, qui, d'après la nature des lieux, sera probablement biaise, aura peu d'ouverture et peu de hauteur, et n'offrira, par conséquent, qu'un médiocre supplément de débouché. Alais est une ville déjà trop enfoncée pour que les ponts puissent avoir une grande élévation, surtout à leurs abords.

S'il est bon pour la cité, dans les momens de crues extraordinaires, que les ponts soient assez ouverts pour que, par leur fait, il n'y ait pas en amont une surélévation dangereuse de l'eau, le problème est tout différent dans les crues médiocres qui sont les plus fréquentes, car alors un trop grand débouché serait extrémement nuisible. « En général, il est » bon, dit M. l'ingénieur Surell (dans son excel» lente *Etude sur les torrens des Hautes-Alpes*, p. 97), » il est bon de donner aux ponts la plus petite section » de débouché possible, parce qu'on détermine » par là une chasse violente, dont l'effet sera de » creuser le lit; une trop grande section favoriserait, » au contraire, l'exhaussement contre lequel il n'y a » point de remède..... »

Devons-nous attendre des résultats plus heureux de *l'élargissement du lit du Gardon par l'effet du reculement de la route départementale ?*

Cet élargissement favorisera dans les petites crues l'exhaussement du fond, qui est la cause première de tous les maux ; et près d'une ville, plutôt que d'élargir le lit d'un torrent qui charrie et dépose des déjections abondantes, il vaut mieux le retrécir au contraire , sauf à surélever les travaux de défense pour les inondations extraordinaires , ou à ménager à l'eau surabondante une voie particulière de dégorgement.

Mais , si j'ai peu de confiance en l'élargissement des ponts et du lit du Gardon , j'en aurais davantage dans la régularisation de ce lit et son endiguement aux abords de la ville, sur l'espace où la rivière baigne ses murs , et , en aval , sur une longueur considérable.

Si la rivière était endiguée sur ses deux bords au-dessus du jardin de la *Comtat* , elle ne viendrait pas frapper perpendiculairement sur le·quai du Nord , et l'eau , rentrant après dans son lit presque à angle droit , ne formerait pas cette surélévation funeste dont le pont du Marché n'a peut-être été que la moindre cause.

Si la rivière était endiguée , et son lit d'une largeur uniforme, en rapport avec le débouché des ponts, le fil de l'eau étant convenablement dirigé , on éviterait les ricochets , et , dès lors , la vitesse serait plus grande, le gravier se déposerait moins facilement, les ponts débiteraient plus d'eau , et l'on pourrait , en beaucoup d'endroits, resserrer le lit de la rivière avec fruit , au lieu de penser à lui céder encore du terrain à grands frais. L'endiguement , la régularisation du lit , en amont de la ville , tout le long de ses murs ; et, en aval, le rétrécissement même de ce lit , mais seulement ici par des digues submersibles , auraient pour but d'activer la marche de l'eau , d'éviter les ricochets et les remous toujours nuisibles , et d'empêcher le dépôt du gravier sur le fond.

On a proposé de substituer des ponts en fil de fer aux ponts en maçonnerie qui existent. Assurément , on obtiendrait ainsi l'avantage d'un plus grand débouché par la suppression de la plupart des piles , mais il faudrait qu'il n'y eût pas d'autre moyen de salut pour qu'on sacrifiât ainsi deux ponts tout neufs, monumens très-solides , et qu'on les remplaçât par des constructions d'une nature précaire et d'un entretien dispendieux.

D'ailleurs , l'obstacle que les ponts peuvent offrir au cours de l'eau , le défaut d'endiguement et de régularité du lit du Gardon ne sont pas la seule cause des malheurs de la ville d'Alais ; il en est une plus grave , c'est que la rivière s'infléchit beaucoup trop autour d'elle ; je reviendrai sur ce fait quand j'aurai épuisé la nomenclature des moyens de sauvetage proposés.

Les parapets des quais du nord et de l'ouest seront exhaussés et fortifiés.

Malgré ces précautions , et dans les limites où on les prendra , ne cèderont-ils pas encore ? — Nul ne pourrait le garantir. En effet, ils ont été renversés par le dernier débordement , qui n'a pas atteint cependant la hauteur de celui de 1741 , lequel baigna le pied du clocher de la cathédrale. Une masse d'eau égale peut encore assaillir nos murs ; et, qu'on ne l'oublie pas, si les parapets sont exhaussés de quelques centimètres après chaque catastrophe , le fond du lit de la rivière ne cesse jamais de s'exhausser aussi, et la rapidité des attérissemens est subordonnée à l'activité des populations industrielles ou agricoles , qui , aujourd'hui plus que jamais , défrichent les penchans des montagnes , déboisent leurs sommets, en fouillent la profondeur.

On a proposé *l'établissement de vannes et de barrages mobiles, sur tous les points par lesquels la rivière peut entrer dans la ville et qu'il est impossible de fermer à demeure....*

Mais la manœuvre de ces appareils obturateurs ne sera jamais assurée , surtout pendant la nuit.

Les parapets peuvent céder encore , et les ravages occasionnés par une cataracte qui franchirait de nouveau le quai seraient bien plus terribles s'il n'y avait point d'eau dans la ville quand la chute commencerait; les maisons seraient affouillées , plusieurs crouleraient ; les désastres seraient plus funestes que par le passé. Je regarde comme un bonheur que , dans la dernière inondation, plusieurs vannages en mauvais état aient permis à une certaine masse d'eau de se trouver dans les rues avant que la rivière se précipitât par-dessus le quai.

Enfin , l'eau déversant des margelles des puits sous une charge de trois à quatre mètres , entrant en reflux par les aqueducs , par la chaussée et par la partie méridionale de la ville , n'inondera-t-elle pas toujours les bas-quartiers ? Si les quais du Nord et de l'Ouest mettent les habitans à l'abri des irruptions violentes de la rivière , ce qui est toujours un grand bien , ils ne peuvent les préserver d'une immersion plus lente, mais presque aussi funeste, surtout lorsque le niveau du liquide s'élève à trois ou quatre mètres au-dessus du pavé des rues.

On le voit , les moyens proposés peuvent n'être pas suffisamment efficaces pour le présent et pour l'avenir , et ce n'est peut-être pas sans motif que des craintes à ce sujet se sont déjà manifestées (1). Le *Mémorial du Gard* publiait en effet ces quelques lignes le 18 octobre dernier : — « Les m esures de dé- » fense contre l'inondation, votées par le Conseil » municipal, n'ont pas obtenu l'assentiment géné- » ral de la population..... Une pétition que nous » avons sous les yeux demande autre chose que la » construction d'une arche en biais du côté du » faubourg , mesure que les signataires trouvent in- » suffisante... »

---

(1) La commission spéciale , que le désastre récent a fait nommer, se composait de MM. les Ingénieurs en Chef des mines Thibaud et Varin, de M. Labbé, ingénieur des ponts et chaussées, et de M. Auphan , architecte de la ville.

Personne mieux que moi ne rend hommage aux lumières et au patriotisme d'hommes aussi distingués ; mais il était bien difficile qu'ils indiquassent sur-le-champ des moyens sûrs, faciles, prompts , économiques , pour garantir à jamais une ville consternée...... Il fallait d'abord la rassurer..... Je ne doute pas que , ce premier effet produit, chacun de MM. les Commissaires ne cherche encore, avec persévérance, la meilleure solution du problème qui leur a été proposé.

VI.

En 1842 , sous l'Empire, à l'époque des grandes conceptions et des entreprises hardies , un ingénieur des ponts-et-chaussées , M. Pomier , voulant donner de l'eau à la ville , et, de plus , la mettre à l'abri du fléau des inondations , eut l'idée hardie de déplacer le lit de la rivière et de lui en creuser un nouveau (1).

(1) Ce n'est pas sous l'Empire, a-t-on dit, que l'idée de détourner le Gardon et de le diriger au-dessous de la ville, à travers le *Plan d'Alaïs* et le *Tempéras,* aurait été mise en avant pour la première fois. Il est probable seulement que la terrible inondation de 1815 fit reparaitre cette idée , qui datait, à ce qu'il parait , des premières années de la Révolution , et que l'opinion publique s'en empara alors avec une vivacité particulière, ce qui a pu faire croire depuis, que ce projet de dérivation aurait pris naissance à une époque plus rapprochée , dans les dernières années de l'Empire, par exemple.

Mais cet incident chronologique est assurément de peu d'intérêt en ce qui touche le fond même de la question. L'idée proposée et développée dans le judicieux mémoire de M. Jules Teissier est simple, du ressort de l'étude matérielle des lieux , de l'expérience pratique des eaux , s'éloignant également des fantaisies de la théorie et des rêves creux de l'abstraction. Rien de plus simple , en effet, suivant les données expérimentales , que l'idée de donner un canal de décharge ou de dégorgement à une rivière torrentielle dont le lit, autour des murs de la ville qu'elle menace et qu'elle ravage à certains intervalles , est reconnu trop resserré et insuffisant pour toutes les éventualités, dont il y a lieu de tenir compte lorsqu'il s'agit de la sécurité et de la conservation d'une ville tant soit peu considérable. Une

Le Gardon contourne la ville d'Alais sur ses deux plus grands côtés (Ouest et Sud) ; son lit décrit une courbe demi-circulaire au pied des murs. On compare la cité à une aile déployée ; dès-lors on peut dire que la rivière baigne tout le bord externe ; M. Pomier voulait lui faire traverser le point d'attache, beaucoup plus court.

« Suivant ce projet, le Gardon aurait été dérivé
» au-dessus de la ville et dirigé par le *Plan d'Alais*
» et le *Tempéras* jusqu'au point d'embranchement
» de la chaussée avec la route de Nimes, au pied de
» la montagne de *Conillière...* »

« Cette idée a été remise en avant, dit le *Mémo-*
» *rial* (n° du 4 octobre 1846), et a pris place dans le
» domaine de la discussion publique à l'occasion du
» désastre de la dernière inondation... »

Je n'en suis nullement étonné, car ce projet réunissait toutes les conditions qui sont nécessaires pour mettre la ville d'Alais à l'abri des ravages de l'eau. En effet, le tracé de la rivière devenant rectiligne et uniforme au lieu d'être courbe, irrégulier, à élargissemens et étranglemens successifs, l'eau se serait écou-

telle conception n'a donc nul besoin, pour être admise dans la discussion du grand problème qu'a ravivé la dernière inondation, de venir sous les auspices du nom de tel ou tel ingénieur, ni de se rattacher à un projet qui aurait été conçu à une époque quelconque, sous un ordre d'idées d'ailleurs tout différent.

(Note du *Mémorial d'Alais* du 21 janvier 1847.)

léo avec une facilité bien plus grande , et son niveau se serait bien moins élevé. De plus , la distance entre les points de départ et d'arrivée se trouvant diminuée presque de moitié (de quinze cents mètres à deux mille cinq cents), la pente aurait été presque double, ce qui, en augmentant la rapidité de l'eau, aurait notablement encore abaissé sa hauteur.

Dans un chenal régulier, rectiligne, deux fois plus incliné que le lit actuel de la rivière , les attérissemens et les dépôts de gravier n'auraient lieu qu'avec la plus grande difficulté ; ce moyen offrait donc à la ville d'immenses avantages.

Il fut jugé impraticable à cette époque , et les motifs qu'on fit valoir furent, sans doute :

Le déclassement des habitudes , des industries , des propriétés ; l'annulation d'utilité des quais , des ponts existans, qu'il faudrait reconstruire ailleurs ; les frais d'achat , de creusement , de consolidation du lit nouveau... Il n'en faut pas toujours autant pour faire échouer un excellent projet.

« Celui-ci, qui pouvait être exécutable sous l'Em-
» pire, dit le journal déjà cité, ne l'est plus aujour-
» d'hui, en raison de la somme énorme des indemni-
» tés à payer, et de celle , non moins effrayante, qui
» a été employée le long du lit actuel. Du temps de
» M. Pomier , tout le monde en convient , ce moyen
» eût été le plus sûr , le plus décisif et à la fois le plus
» économique. Les terrains à acquérir n'eussent pas
» coûté la moitié de ce qui a été dépensé pour la dé-
» fense de la partie occidentale de la ville ; on aurait

15

» ouvert, dans une direction très-naturelle , un pro-
» fond et large chenal à notre terrible voisin , et un
» bon système d'endiguement eût suffi pour préserver
» les alentours de toute dévastation... »

VII.

Les avantages du projet Pomier , ne pouvant être
contestés, les inconvéniens en sont-ils réellement aussi
inévitables qu'on le pense ? ne peut-on pas profiter des
premiers, en faisant disparaître ceux-ci ? ne peut-on
pas modifier ce système de manière à lui conserver
son utilité , tout en le rendant d'une exécution moins
difficile ? — Tel est le problème que je vais m'efforcer
de résoudre.

Les objections portent :

Sur le déclassement des propriétés qui , des deux
côtés de l'ancien lit , de riveraines deviendraient con-
tinentales , ou qui, aux abords du lit nouveau , chan-
geraient de nature en sens inverse ;

Elles portent sur le déplacement des habitudes, des
industries ;

Sur l'annulation d'utilité des ponts , des quais ,
des moulins , et la nécessité d'en construire d'autres.....

Eh bien ! je ne crois pas impossible de faire disparaître tous ces motifs d'opposition , sans perdre pour
cela aucun des avantages réels du projet.

Pour mettre la ville à l'abri des inondations les plus
furieuses de la rivière, je ne viendrai point, en effet,

demander avec M. Pomier le déplacement complet
de son lit ; mais, saisissant son idée pour la restrein-
dre à des proportions plus modestes , *je proposerai
seulement l'établissement d'une voie facile de dégorgement pour les eaux débordées , d'un lit supplémentaire
creusé dans la direction qu'il indiquait, dans lequel on
ne transporterait nullement la rivière , attendu qu'il
ne devrait servir qu'exceptionnellement et au moment
des grandes crues.*

Ainsi, rien ne serait changé dans la nature des propriétés actuellement riveraines ; rien dans les habitudes, dans l'industrie des habitans. Les ponts , les
quais , les moulins existans , serviraient encore, et il
serait inutile d'élever des boulevarts en maçonnerie
le long d'un canal qui n'admettrait jamais qu'une quantité d'eau mesurée d'avance, canal dont les berges parallèles et rectilignes auraient besoin , tout au plus ,
d'être fixées par un simple pérai.

Quant à l'achat de ce bief de sûreté et à son creusement , ils coûteraient sans doute beaucoup moins que
ne l'estimait M. Pomier , si l'on considère que , dans
notre hypothèse , il suffira de lui donner le quart de
la largeur que cet ingénieur affectait à son nouveau
lit de rivière.

VIII.

Tant que le Gardon ne s'élève pas à plus de trois
mètres au-dessus du niveau d'étiage, la ville n'éprouve
pas de pertes graves. Ces crues modérées nettoient le

lit, poussent devant elles plus de gravier qu'elles n'en arrachent des montagnes ; elles balaient les immondices de la ville que les habitans y jettent ou que les aqueducs y versent incessamment. Il faut bien se garder alors de détourner une portion de l'eau du torrent, car on faciliterait l'engravement et l'exhaussement funeste de son fond.

Mais, quand l'inondation tend à s'élever au-dessus de cette limite, c'est alors qu'un canal de dégorgement serait d'un avantage incalculable ; c'est alors qu'il conviendrait d'ouvrir une communication entre le lit de la rivière et le lit supplémentaire qu'on aurait créé, en réglant le débit de celui-ci de manière à ce que la rivière ne s'élevât jamais à plus de trois mètres dans son ancien parcours. Rien ne sera plus facile que de donner à ce canal de sûreté la largeur qu'il faudra pour débiter la quantité d'eau convenable.

En amont du pont du Marché, l'eau s'est élevée, le 20 septembre dernier, à 6 m. 77 au-dessus de la ligne d'étiage ; mais, comme toutes les arches étaient immergées, il y avait évidemment un remous, et, si le pont avait pu débiter facilement toute l'eau affluente, elle ne se serait probablement pas élevée à plus de six mètres. C'est donc une couche d'eau de trois mètres de hauteur et de la largeur de la rivière au pont du Marché, qu'il est nécessaire de dériver, pour maintenir la ligne de flottaison au point que nous ne voulons pas qu'elle dépasse.

D'un quai à l'autre, la largeur du lit du Gardon sous les ponts d'Alais est de cent mètres ; si nous en déduisons vingt pour l'épaisseur des piles , il restera quatre-vingts mètres de débouché.

Si le lit supplémentaire que je propose d'ouvrir à la rivière, était dans les mêmes conditions que le lit actuel, c'est-à-dire, s'il était aussi irrégulier , aussi infléchi, s'il avait aussi peu de pente, si deux ponts et le barrage d'un moulin y gênaient l'écoulement de l'eau, il est évident que , pour réduire la hauteur des grandes crues de six mètres à trois , c'est-à-dire, pour débiter à peu près la moitié du volume , il faudrait que le lit nouveau eût , à peu près, la même largeur que l'ancien.

Mais, si nous faisons attention : que la longueur de notre canal de dégorgement ne sera guère que la moitié de celle du lit naturel entre les deux mêmes points de départ et d'arrivée ;

Que, par conséquent, la pente du radier serait double si on la faisait partir du thalweg de la rivière en amont et aboutir au thalweg en aval.

Si l'on considère que cette pente sera encore fortement augmentée parce que le lit supplémentaire aura sa prise à deux mètres au moins au-dessus du lit de la rivière; qu'ils se rejoindront dans la plaine, où un système convenable de digues submersibles pourra permettre de rendre le cours de la rivière très-large pour la tranche qui s'élèvera au-dessus de la ligne de flottaison de trois mètres que nous conserverons dans l'ancien lit ; ce qui, de fait, déterminera la pente dans le lit nouveau par la différence entre les deux lignes de flottaison au point de séparation d'avec la rivière proprement dite et au point de rejonction avec elle ;

Si l'on considère que nul pont, nul barrage ne ralentiront la vitesse dans le canal nouveau, tandis qu'il en est tout autrement dans le lit actuel ;

Si l'on remarque que l'eau chemine bien plus facilement dans un canal en ligne droite et dont les bords sont exactement dressés et parallèles que dans un lit sinueux, à étranglemens successifs, où des obstacles, des redans placés alternativement sur chaque rive occasionnent des remous, des courans obliques qui déplacent le fil de l'eau, ralentissent son cours et diminuent son débit ; —on n'hésitera pas à penser qu'avec toutes les conditions favorables dont nous venons de faire l'énumération, un canal de vingt mètres de section pourrait débiter la moitié de l'eau de la rivière, bien que le lit actuel de celle-ci ait quatre-vingts mètres de largeur. S'il en était ainsi, la ligne de flottaison s'abaisserait de moitié dans les grandes crues, ce qui serait un bienfait immense pour la ville d'Alais.

Par l'effet de la construction d'une arche supplémentaire, biaise, nécessairement peu élevée, de dix mètres d'ouverture, ajoutée au pont du Marché, et par l'élargissement proportionnel du lit de la rivière en aval de ce point, la Commission dont nous avons déjà parlé compte sur un abaissement de 0,60 à 0,80 centimètres sur la ligne de flottaison de l'eau durant une crue semblable à celle du 20 septembre dernier.

Certainement, dans les conditions favorables où notre canal de dégorgement se trouvera placé, il devra produire un abaissement quadruple de la surface de de la rivière, bien que sa largeur ne soit que le double de celle de l'arche projetée. C'est le minimum d'effet qu'on doive en attendre.

IX.

La seule objection qu'on puisse faire à notre système est celle de la dépense, partie essentielle de tout projet, qu'il convient maintenant d'aborder.

Notre canal aurait environ quinze cents mètres de long, et trente de large talus compris, soit quarante-cinq mille mètres carrés de surface ou quatre hectares et demi, qui, à dix mille francs chaque, coûteraient quarante-cinq mille francs.

Il faudrait creuser au plus, en moyenne, cette surface de trois mètres cubes: soit 135,000 mètres cubes de terrain déplacé, qui, à un franc par mètre, exigent cent trente-cinq mille francs.

Un pont de deux arches, de dix mètres d'ouverture chacune, placé sous la route de Saint-Ambroix, pourrait coûter vingt mille francs, et le vannage régulateur qu'on y adapterait dix mille; ce qui ferait un total de deux cent dix mille francs. Mais, quand la dépense, y compris la consolidation des berges et les cas imprévus, irait à trois cent mille francs, la ville ne devrait pas hésiter. En effet, nous ne pensons pas qu'il soit indispensable d'accomplir et, surtout, de payer ces travaux sur-le-champ.

Heureusement que des fléaux pareils à celui dont nous venons d'être témoins n'arrivent qu'à de longs intervalles , quelquefois séculaires , mais quelquefois aussi bien plus rapprochés, comme l'ont prouvé 1815 et 1846. Il faut , pour les produire , un ensemble de coïncidences funestes qui ne peuvent se retrouver fréquemment dans les phénomènes atmosphériques. Les deux grandes inondations connues les plus rapprochées ne sont venues qu'à trente - un ans d'intervalle. Quand nous n'accorderions que trente ans jusqu'à un nouveau cataclysme , il suffirait, pendant ce temps, d'une dépense annuelle de dix mille francs pour réaliser l'entreprise.

Mais la ville peut considérer que l'exécution étant dans l'intérêt des générations futures plus encore que de la génération présente , elle peut, sans injustice , léguer à l'avenir une portion de ce fardeau, au moyen d'un emprunt. Elle pourrait donc, sans franchir les limites de la sagesse, ne consacrer que six à sept mille francs par année soit en travaux, soit à l'extinction lente d'une dette qui l'enrichirait au lieu de l'appauvrir.

Quand , pour le remboursement progressif de la portion du capital emprunté , ou pour le remboursement des intérêts , on devrait en venir à la ressource extrême des centimes additionnels ou d'une imposition extraordinaire quelconque, Alais ne devrait pas hésiter , car ici le sacrifice apparent est patriotisme, sagesse , placement à gros intérêt.

En effet , qu'on ne le perde pas de vue : s'il s'agit de dépenser six à sept mille francs par an, pendant une soixantaine d'années , il s'agit d'un autre côté de se mettre à l'abri du retour d'un fléau qui , dans l'intervalle de deux siècles et demi, a dévoré quatre millions en capital, somme dont l'intérêt serait aujourd'hui de deux cent mille francs par année.

Alais ne doit-il pas éviter de faire incessamment la *part de l'eau* d'une manière aussi désastreuse, comme on fait parfois la *part du feu* dans un incendie ? Des sacrifices aussi grands que ceux du passé ne sauraient être indispensables *à jamais ;* et si , avant 1604, nos pères avaient accompli l'entreprise que nous conseillons aujourd'hui, quelle masse de richesses les valeurs détruites n'auraient-elles pas produit, entre les mains intelligentes et laborieuses de cinq ou six générations successives !

X.

Puisque le projet de l'ingénieur Pomier existe , il serait inutile de préciser ici davantage mes idées au point de vue technique ou d'exécution. En effet , son travail doit indiquer l'emplacement le plus favorable, la hauteur des déblais, les ouvrages d'art ; il ne s'agit que de réduire tous les chiffres dans des proportions convenables à la destination nouvelle , qui n'est plus celle d'un lit véritable de rivière , mais tout simplement d'un canal de dégorgement supplémentaire. Ainsi, nous l'avons vu , notre bief pourra n'avoir que vingt mètres de large, tandis que, ce que M. Pomier projetait devait en avoir bien davantage. M. Pomier creusait, sans aucun doute , son lit nouveau à la profondeur de l'ancien ; le radier d'entrée de notre canal sera à deux ou trois mètres plus haut que le fond du lit du Gardon. Enfin , un pont ne nous est nécessaire qu'à la croisée du chemin de St-Ambroix ; sur toutes les autres routes , de simples rampes permettront de passer commodément un fossé régulier , large , peu profond, où il n'y aura de l'eau que quelques heures, au plus une fois par année ; mais cette voie ouverte au torrent pendant un temps si court et à des intervalles si éloignés , peut seule sauver la ville , comme l'action instantanée d'une soupape préserve un appareil à vapeur d'une explosion terrible.

Le canal de sûreté sera donc toujours à sec. Quel devra être son emploi, hors des quelques instans de hautes crues ? Il devra être soigneusement entretenu nettoyé au besoin , les berges gazonnées ; rien ne s'opposera à ce que les bords soient plantés d'arbres de produit ou de luxe ; — en dehors de quelques heures exceptionnelles où la ville éprouvera ses bienfaits spéciaux, ce canal, indépendamment de son but hydraulique , deviendra une route utile, une promenade agréable , comme le sont quelquefois les fossés abandonnés des villes anciennement fortifiées. Si l'on voulait quelque chose de plus lucratif, quelque chose qui indemnisât la ville d'une portion des frais à faire , rien n'empêcherait qu'on ne cultivât sur le fond du canal des céréales, des plantes fouragères, des plantes maraichères même ; il suffirait de laisser les talus bien gazonnés.

Après l'établissement d'un aussi puissant moyen de sécurité , il est une chose que je dois recommander encore, comme méritant une place importante dans tout projet de défense de la ville d'Alais contre l'invasion des eaux ; c'est le redressement et la régularisation , autant que possible, du lit du Gardon en aval de la ville.

Qu'on ne l'oublie pas , Alais est périodiquement submergé parce que le lit de la rivière , s'engravant de plus en plus , s'exhausse d'une manière effrayante.

Le déboisement, le défrichement des montagnes , auxquels il est impossible peut-être de remédier, sont évidemment au nombre des causes de ce mal ; mais il en est une plus prochaine et sur laquelle la ville peut exercer quelque influence. Cette cause , c'est l'extrême irrégularité de la largeur et de la direction du lit de la rivière en aval de la cité , irrégularité occasionnée par les entreprises sans règle et sans frein des propriétaires des deux bords.

Des plantations , des fascines, des clayonnages, des bâtardeaux sont jetés, de çà et de là, au travers du lit de la rivière qu'ils rendent irrégulier et sinueux ; la vitesse de l'eau est ralentie , et les dépôts, par conséquent l'exhaussement du fond, se produisent avec plus de facilité. Indépendamment des lois qui s'élaborent sur cette matière, la ville ne trouverait-elle pas dans la législation actuelle des moyens d'arrêter les entreprises de ceux qui lui causent un préjudice, lent il est vrai , mais redoutable par sa continuité ?

En reprenant la plume aujourd'hui, mon but, pareil à celui que je poursuivais quand j'indiquais à la ville d'Alais le moyen le plus convenable de se procurer de l'eau, mon but, dis-je, est encore de lui être utile dans la question plus urgente et plus grave de sa défense contre le redoutable ennemi, qui, le plus souvent, baigne paisiblement ses murs, mais qui, de temps à autre, ravage cruellement son enceinte. Puissent deux opuscules, produit de quelques instans de loisir, opérer tout le bien que je désire !

Canal de dégorgement et de secours à l'Est de la ville ; régularisation et endiguement de la rivière à l'Ouest, au Midi et en aval de son enceinte, tels sont les deux moyens qu'Alais doit concurremment employer pour résister avec fruit aux atteintes du Gardon. Ces moyens seront coûteux sans doute, mais *seuls efficaces*. Si toutes les villes que les torrens assiégent, peuvent, pour quelque temps du moins, améliorer leur position par des travaux d'endiguement bien entendus, il en est bien peu qui, comme Alais, puissent user de la ressource d'un canal de dégorgement, plus utile encore.

La petite ville où je suis né, si voisine d'Alais, bâtie comme elle auprès d'une des branches de la rivière qui a donné son nom au département, Anduze, est envahie aussi ; ses quartiers bas sont inondés aux moindres crues. Je m'estimerais heureux de pouvoir lui venir en aide, et si je connaissais quelque moyen efficace de mettre mes concitoyens à l'abri d'un pareil fléau, je l'indiquerais avec empressement.

Le comblement des quartiers bas, c'est-à-dire le sacrifice du rez-de-chaussée des maisons d'une grande partie de la ville, paraîtra toujours malheureusement une chose exorbitante ;

L'établissement d'un canal de secours et de dégorgement est chose impossible par la disposition physique des lieux ;

Il ne nous reste plus qu'un tracé régulier du lit, et un endiguement sagement combiné en aval de la ville, non pour guérir un mal irrémédiable, l'exhaussement progressif du thalweg , mais pour en rendre les effets moins désastreux et la marche plus lente.

Nîmes le 15 janvier 1847.

Examen du Système précédent (1).

C'est une grave question que la détermination du moyen le plus efficace et le moins dispendieux de mettre la ville d'Alais à l'abri des ravages du Gardon: on s'en est beaucoup occupé après le dernier désastre, on s'en occupe moins aujourd'hui, parce que le souvenir du mal est moins vif, qu'on pense avoir arrêté des mesures suffisantes pour en prévenir le retour et qu'on voit devant soi le temps nécessaire pour les mettre en exécution. M. Teissier ne partage ni cette conviction , ni cette sécurité : il considère les mesures proposées par les hommes de l'art ,

(1) En réponse à notre publication, l'*Echo d'Alais* donna, le 31 janvier 1847, les réflexions qu'on va lire et que je me fais un devoir de consigner ici ; l'intérêt de mes concitoyens et le désir d'atteindre à la vérité ayant toujours été le but unique de mes recherches.   J. T.

comme tout-à-fait inefficaces , comme des proposi-
tions suffisantes seulement pour calmer l'inquiétude
des habitans , et il nous montre les retours du fléau
comme tellement irréguliers , qu'il y aurait pour
nous motif constant de craindre et de songer à nous
prémunir.

Sans contredit , la question est toujours instante
et pendante , malgré la solution qui a été proposée
et qui paraît avoir été adoptée par l'autorité : à
cette fois , on ne pourra pas faire à M. Teissier le reproche de traiter une question résolue.

Mais les moyens qu'il repousse n'ont-ils réellement
pas plus de valeur qu'il ne leur en accorde ?

Ceux qu'il propose auraient-ils plus d'efficacité ?

Enfin , en existerait-il de meilleurs que ceux proposés et que ceux repoussés par M. Teissier ?

Le public , si intéressé à la bonne solution de la
question et à obtenir une sécurité de bon aloi , ne
pourra nous savoir mauvais gré de profiter de l'ac-
tualité , que la discussion publiée dans l'autre journal de la localité vient de faire renaître , pour examiner la question sous chacun de ces trois points de
vue.

Sans doute le Gardon est un agent de dommages
avec lequel il faut nécessairement compter par millions , à moins de se soustraire totalement à son influence : nous sommes d'accord sur ce point avec
M. Teissier , et tout le monde le sera aussi bien que
nous.

Sans doute la dernière inondation n'est pas le

plus grand effort possible pour le torrent dont les sources correspondent à une superficie de plans inclinés très-considérable : c'est encore un point incontestable.

La dernière inondation a été produite par le débordement de l'une des deux branches du Gardon seulement : le débordement de l'autre pouvait coïncider avec celui de la première, et, dès lors, la hauteur du déversement par le quai du Marché aurait été doublée, plus que doublée peut-être.

On ne sait pas comment fut produit le déluge du 15 septembre 1741, dont la hauteur atteignit le perron du clocher de la cathédrale; mais, en supposant qu'il fût l'effet du débordement simultané du Galaison et du Gardon, que ce soit le maximum de puissance de notre rivière : on peut se représenter quel effet produirait aujourd'hui un pareil déluge, en comparant l'état actuel des lieux avec leur état à la date de 1741.

Alors on n'avait pas retranché du lit du Gardon les espaces qu'occupent les quais actuels, et la partie basse de la ville, ouverte au courant des eaux, ne formait pas, au moyen des quais, une écluse dans laquelle les eaux se seraient élevées bien plus haut. Quoique la rivière eût un plus grand espace pour s'étendre à l'extérieur et pût aisément sortir par le bas après être entrée par le haut, l'inondation atteignit le perron de la cathédrale; à quelle hauteur ne s'élèverait-elle pas, aujourd'hui que la ville est ceinte de quais, que le lit de la rivière a été rétréci.

et que, sans doute, le sol s'est considérablement élevé ?

Combien plus nombreuses ne seraient pas les victimes, si le déluge de 1741 n'avait pas été produit par le débordement simultané des deux branches du Gardon, et si la rivière atteignait à l'avenir son maximum de puissance ?

Cette funeste conjoncture peut se produire à la suite d'un été chaud, qui, élevant la température des montagnes, permette une longue durée au règne des vents du midi, dans la transition de la saison chaude à la saison froide.

Il faut envisager la possibilié du mal pour se déterminer à en rechercher, à en produire le remède.

Celui proposé par les gens de l'art, et qui paraît avoir reçu l'approbation de l'autorité, est-il suffisant, ou bien n'est-il qu'une consolation pour les affligés ?

On aime à douter que des hommes sérieux, appelés pour donner leur avis sur un moyen efficace de prévenir le retour d'un fléau terrible, ruineux, se soient contentés de proposer un palliatif, non pas au mal, mais à sa crainte.

Remarquons que l'irruption des eaux dans nos murs, n'a eu lieu qu'en amont du pont du Marché, par le reflux qu'a occasionné ce pont trop massif, offrant trop peu de vides par rapport aux pleins. En construisant ce lourd édifice, on ne se préoccupait que de la nécessité de balancer par une forte masse l'effort du torrent, et assez peu de cette autre nécessité de lui laisser un passage suffisant.

Ce pont paraît contenir autant de pleins que de vides, et on jugerait, au simple coup-d'œil, que si, au lieu de cintres en maçonnerie, on eût employé une charpente en fer appuyée sur des piles en maçonnerie, ouvrant des passages aux eaux dans leurs intervalles, on jugerait, qu'avec une pareille construction, la double condition de cet édifice aurait été remplie.

Puisque les constructeurs ont eu l'imprévoyance de ne pas rendre le pont capable de débiter toute l'eau qui lui arrive sans la faire refluer en amont, n'est-il pas possible de lui donner actuellement cet excédant de capacité, en l'allongeant d'une arche du côté du faubourg, et en élargissant le chenal, en aval, de toute la largeur de la route?

Cette possibilité ne peut être discutée qu'à l'aide du calcul, et il serait assez facile de prendre sur les lieux les données numériques nécessaires. Les gens de l'art l'ont-ils fait ? Nous l'ignorons, mais nous regrettons que M. Teissier n'ait pas pensé à le faire, car l'objet rentre dans la spécialité qu'il s'est faite en matière d'aqueducs, ponts et fontaines (1).

(1) Ces calculs, toujours incertains, parce que les élémens physiques ne sont que trop imparfaitement connus, exigent des opérations sur le terrain qui entraînent un sacrifice de temps et d'argent qu'on ne peut pas toujours faire. Un projet approximatif donne l'éveil, l'administration ou les intéressés doivent aviser.

J. T.

16

S'il était démontré par le calcul qu'une sixième arche au pont du Marché ne serait pas suffisante pour produire un abaissement de niveau tel que les eaux ne pussent pas, dans les grandes crues, atteindre la surface des quais, il faudrait substituer aux arcades et au tablier du pont une construction à jour en fonte de fer.

Un sujet aussi grave ne doit être traité qu'avec des données numériques, par le calcul, non avec des approximations toujours hypothétiques et trompeuses.

Si l'obstacle que le pont du Marché élève au libre cours des eaux était levé, la ville serait probablement à l'abri de la submersion, ou bien elle serait submergée par la ceinture de son quai tout entière.

Véritablement, sa sécurité ne lui serait pas encore assurée à tout jamais, car la vallée dans laquelle elle est construite s'élève incessamment, comme tous les lieux bas, au préjudice des hautes terres. C'est à ce point de vue qu'il faut se placer pour discuter la valeur des moyens proposés par M. Teissier en opposition à ceux de l'administration : nous le ferons dans un prochain article (1).

(1) Je ne sache pas que cet article ait jamais paru.
J. T.

A M. LE MAIRE, A MM. LES ADJOINTS ET A MM. LES MEMBRES DU CONSEIL MUNICIPAL.

Messieurs ,

Dans un article, écrit le 9 avril 1848 et inséré dans le *Courrier du Gard* du 14 du même mois, je m'efforçais de prouver :

1° Que dans les temps de pénurie et de misère, et lorsque le gouvernement ou les villes sont obligés de secourir les ouvriers nécessiteux , il est important de trouver un emploi utile et productif de leurs forces et de leur intelligence sur des chantiers où les deniers publics ne soient pas dépensés en pure perte.

2° Que pour la ville de Nimes , la restauration *de l'aqueduc romain était l'entreprise à la fois la plus urgente et la plus fructueuse.*

Je réfutais ensuite les trois seules objections possibles à ma proposition :

Que nos ouvriers, simples terrassiers, seraient hors d'état d'accomplir une construction aussi délicate ;

Qu'exécutée par les ateliers de secours , la restauration de l'aqueduc ne se terminerait jamais ;

Qu'on ne pouvait employer des ouvriers et dépenser de l'argent pour un projet sur lequel le gouvernement n'avait pas encore prononcé...

Après une réponse détaillée à ces divers arguments, j'arrivais aux conclusions suivantes :

« Après s'être entendue avec la Compagnie nimoise
» (celle avec laquelle la ville avait traité pour l'exé-
» cution de mon projet avant la proclamation de la
» République), la Commission devrait demander à
» M. le Commissaire extraordinaire du gouvernement
» l'autorisation,

» 1° D'établir sur tout le parcours de l'ancien
» aqueduc romain, *de Nimes à St-Gervazy*, des ate-
» liers municipaux pour mettre à découvert toute la
» construction antique ;

» 2° De creuser une tranchée dans le lit du ruis-
» seau, dit le *Canabou*, allant de niveau depuis l'aque-
» duc romain jusqu'à l'évent de Fouze, afin de savoir
» si la source, attaquée à douze mètres plus bas que
» son point d'émergence, ne fournirait pas des eaux
» abondantes et pérennes.

» Le tout pour arriver à des éclaircissemens, de
» plus en plus complets, sur l'importante question
» de la fourniture d'eau pour Nimes ; — et sous la
» réserve d'indemniser les propriétaires des do-
» mages qui pourraient leur être faits. »

II.

Certes, je sais, avec tout le monde, que la ville de Nimes est aujourd'hui dans un état fâcheux de gêne financière. Les dépenses augmentent, les revenus diminuent, on est obligé d'en venir à la triste ressource de l'emprunt; est-ce le moment de rêver à de grandes entreprises, de proposer de nouveau la restauration de l'aqueduc romain, quand il faut s'ingénier pour subvenir aux nécessités les plus pressantes pour vivre, pour ainsi dire, au jour le jour ?

Cette objection est forte, elle m'impressionne aussi bien que tous mes lecteurs, et je me la suis posée dès l'origine de la situation actuelle, aussi disais-je, le 9 avril 1838, dans la publication que j'ai déjà citée :

« Aux derniers jours du gouvernement tombé,
» la ville avait traité avec une compagnie formée
» dans son sein, pour l'exécution de mon projet de
» restauration de l'aqueduc antique, afin d'amener
» huit cents pouces d'eau. Les conditions de ce traité
» étaient alors réalisables parce que Nimes pouvait
» puiser à des ressources qui ne sont plus disponibles
» aujourd'hui...

» Mais, si le forfait est devenu impossible, *la cité*
» *ne peut-elle pas exécuter elle-même directement*
» *peu-à-peu, suivant l'importance de ses ressources et*
» *suivant le nombre de travailleurs qu'il faut qu'elle*
» *introduise dans ses ateliers pendant la stagnation*
» *des affaires commerciales ?*

» On dépensera ce qu'on devra, ce qu'on pourra
» dépenser ; l'important pour la ville, c'est qu'on ne
» dépense pas en pure perte, et que de ses sacrifices
» il vienne quelque chose d'utile, de *productif*...

» Dans mon système, il n'est pas indispensable
» que l'entreprise soit terminée pour en tirer quelque
» profit, et mon projet général, on le sait, peut

» heureusement se scinder en plusieurs fractions dis-
» tinctes, échelonnées, concordantes et successive-
» ment productives...

» On dépense ce qu'on veut ; — on s'arrête, on
» reprend quand on le juge convenable; — un chan-
» tier bienfaisant est toujours ouvert ; — on prend,
» sans empêchement le parti le plus utile, la direc-
» tion la plus avantageuse ; — on ne néglige rien ;
» — enfin, on peut aller jusqu'au Fouze, — ou jus-
» qu'à Lognac, — ou jusqu'à Lafoux, — ou jusqu'au
» Pont-du-Gard, — sans que rien oblige à dépasser
» les resources dont on dispose ; et, *chaque fois*
» *qu'une portion de travaux est réalisée, on obtient*
» *un produit, tout en se rapprochant sans compro-*
» *mettre l'avenir, du but définitif de l'entreprise.*

» Je puis me dispenser de développer de nouveau,
» l'ayant déjà fait si souvent, *ce système de petites*
» *entreprises successives et productives, en rapport*
» *avec les ressources municipales, sans anticipations,*
» *sans emprunts, amenant ainsi, de la manière la*
» *plus utile et la plus économique, à la réalisation*
» *complète d'une œuvre admirable.*

III.

Ma proposition de l'hiver dernier ne fut pas adoptée;
la ville établit ses ouvriers sur des chantiers tout autres
que ceux qu'on aurait pu former sur l'aqueduc depuis
Nimes jusqu'à St-Gervazy. — A-t-elle lieu de se féli-
citer du resultat ? Les deux cent mille francs qu'on a

dépensés, auraient rétabli le canal antique jusqu'à moitié chemin du Canabou et de ses évens ; a-t-on obtenu quelque chose de mieux ?

Pendant un an j'ai gardé le silence, *car la ville obérée n'avait pas forcément des chantiers à établir.* Mais l'hiver nous ramène une position douloureuse et, si par cas il devient indispensable d'ouvrir encore des ateliers municipaux, j'appellerai sur les points suivans l'attention de nos Ediles :

1º De Nimes jusqu'à St-Gervazy, sur une longueur de dix mille mètres, on peut établir autant de brigades de travailleurs qu'on le voudra, distinctes, séparées, par petits groupes de six à dix hommes, de façon à éviter les inconvéniens des chantiers trop nombreux, trop difficiles à conduire, et dans lesquels trop d'abus ne tardent pas à s'établir, comme l'expérience l'a malheureusement prouvé ;

2º Le travail peut facilement se régler à forfait, au mètre courant, à la tàche, de manière à éviter le gaspillage qui résulte du paiement fait à la journée à des ouvriers temporaires et inhabiles;

3º La création récente du *Service hydraulyque*, dans le corps de Messieurs l^{es} Ingénieurs, fournirait, sur-le-champ, un personnel suffisant et capable pour la direction de ces travaux; et je ne doute pas que M. Dombre et ses conducteurs ne s'en chargeassent avec empressement, dans l'intérêt de leur ville natale;

4º Le projet d'amener des eaux à Nimes n'est point une de ces fantaisies de jouissance ou de luxe qu'on puisse à volonté adopter ou rejeter, une de ces choses qu'il soit à-peu-près indifférent de faire ou de ne pas faire.— *Cette entreprise est d'une nécessité impérieuse, à laquelle désormais il est impossible de se soustraire.*

5° La ville de Nimes, dans son développement actuel, dans son développement futur, ne peut pas plus se passer d'eaux nouvelles que d'air pur et d'alimens sains; — c'est une vérité qu'on ne doit jamais perdre de vue, — et, par conséquent, tout argent disponible doit être consacré à ce but indispensable ; toute dépense extraordinaire doit y être affectée.

6° Si, pour se procurer huit cents pouces d'eau pendant toute l'année, il faut une somme de deux millions et demi, que la ville sera pendant longtemps hors d'état d'avoir à sa disposition , — qu'on n'oublie pas : — que pour trois ou quatre cent mille francs on peut aller chercher de l'eau aux environs de Saint-Gervazy; — que pour deux ou trois cent mille francs de plus on peut s'en procurer une augmentation à Bezouce et à Lognac; — qu'en portant la dépense d'un million à douze cent mille francs on peut, en atteignant Lafoux, avoir deux ou trois cents pouces ; — et que toutes ces entreprises partielles, mais isolément productives, rapprochent, sans perte et sans déviation, du but définitif de l'entreprise.

7° Dira-t-on qu'on peut craindre que la restauration partielle de l'aqueduc, jusqu'à St-Gervazy, jusqu'à Bezouce, jusqu'à Lognac ne fournissent que bien peu d'eau pendant l'extrême étiage ? — D'abord, le fait n'est nullement prouvé , et, le serait-il , pense-t-on que ce scrait pour Nimes un médiocre avantage que d'avoir des eaux en abondance pendant neuf ou dix mois de l'année, en attendant mieux, et pour trois ou six cent mille francs de dépense ? — Pense-t-on que ce serait un argent mal placé, *alors que maintenant, en février, la ville souffre réellement du manque d'eau, que rien ne s'épanche sur les déversoirs, que les lavoirs sont infects, que la Fontaine semble prématurément être arrivée à son moindre débit, et,* pourrais-je m'exprimer ainsi, *en hiver, à son triste étiage.*

Ma conviction est invariable et profonde, la ville de Nimes ne doit emprunter, s'imposer, dépenser, établir des chantiers que dans un seul but, — CELUI DE SE PROCURER DE L'EAU... C'est de là que dépendent sa prospérité, son avenir.

Nimes, le onze février 1849.

JULES TEISSIER.

TABLE DES MATIÈRES.

TOME SECOND.

PREMIÈRE PARTIE.

seront infiniment utiles, p. 96. (*Voyez* comme supplément à ce chapitre, la lettre de M. Valz et les réflexions que j'y ai ajoutées, p. 177 à 188.)

Cette lettre est un complément de notre troisième chapitre à la suite duquel nous n'avons pas pu la placer parce que, quand elle a paru, l'impression de notre livraison était déjà plus avancée.

SECONDE PARTIE.

INTRODUCTION.

Du culte des Fontaines et du véritable nom de la source d'Eure chez les Romains.

APPENDICE.

*Des moyens d'approvisionner d'eau les villes d'*Alais*, d'*Anduze *et d'*Aix *(en Provence).*

QUATRIÈME PARTIE.

APPENDICE.

DES MOYENS DE METTRE LA VILLE D'ALAIS A L'ABRI DES RAVAGES DU GARDON.

FIN DE LA TABLE DES MATIÈRES DU TOME SECOND.

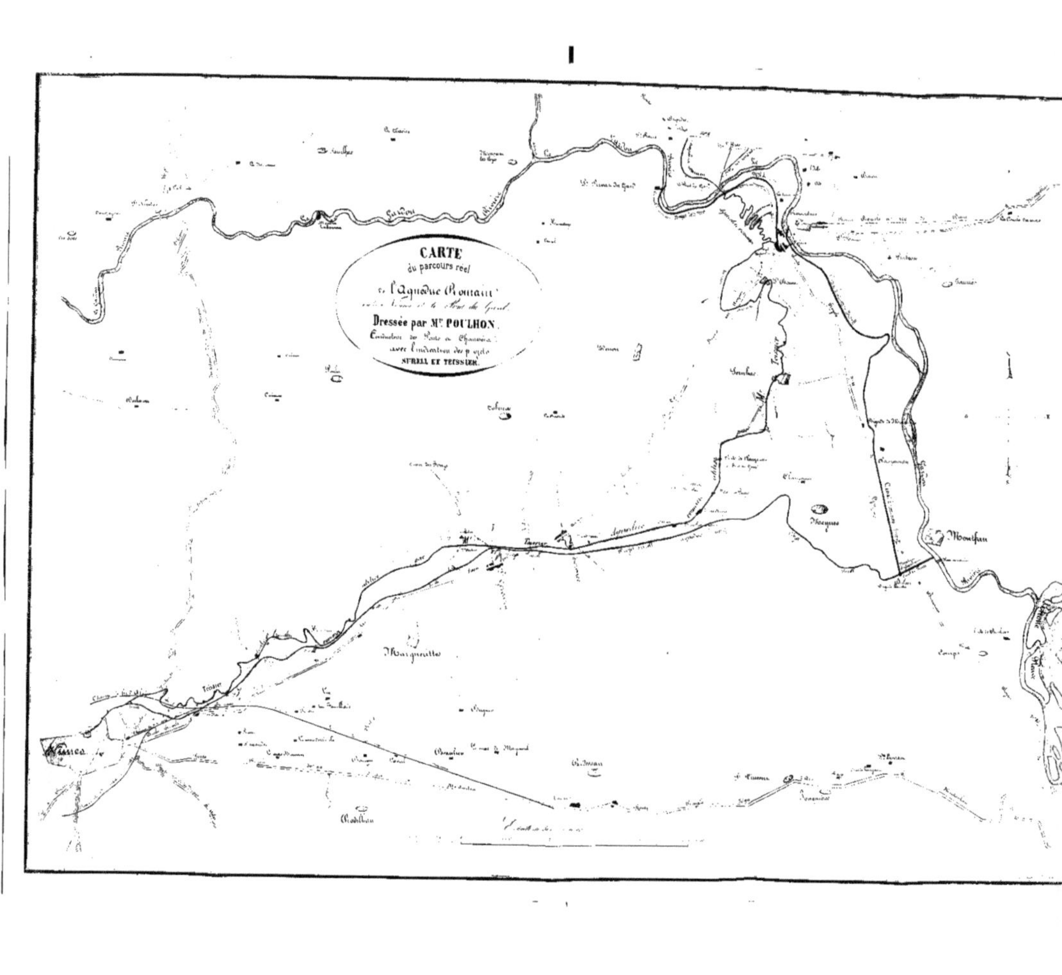

CARTE
du parcours réel
de l'Aqueduc Romain
entre l'Eure et le Pont du Gard
Dressée par Mr. POULHON
Conducteur des Ponts et Chaussées
avec l'indication des projets
SUREIL ET TEISSIER

Ouvrages publiés par M. TEISSIER.

CONFIDENCES DU DIEU NÉMAUSUS ou Précis sur les Antiquités de la ville de Nimes. — Nimes, 1844, — Imprimerie Ballivet et Fabre; in-8° de 146 pages.

HISTOIRE DES EAUX DE NIMES.

Cet ouvrage est en deux gros volumes in-8°, composés chacun de quatre livraisons, publiées à diverses époques, et portant les titres suivans :

PREMIER VOLUME.

Première livraison. — **De l'Abbé PARAMELLE et des divers Moyens d'amener des eaux à Nimes.**— 1842, imprimerie Ballivet Fabre, in-8° , de 176 pages et un plan.

Seconde livraison. — **Études sur les divers Moyens de procurer des Eaux à la ville de Nimes.** — 1843, imprimerie Ballivet et Fabre, in-8°, de la page 177 à la page 430, et un plan.

Troisième livraison. — **De Nimes et de ses Eaux.** — 1844, imprimerie Ballivet et Fabre, in-8°, de la page 431 à la page 812, avec XL pages de notes et une gravure.

Quatrième livraison. — **Études sur les Eaux de Nimes et sur l'Aqueduc romain du Gard.** — 1845 , imprimerie Ballivet et Fabre, in-8°, de la page 813 à la page 1076, et, pour les notes, de la page XLI à la page CLXXXIII, avec un plan.

SECOND VOLUME.

Première livraison. — **Études sur les Eaux de Nimes et sur l'Aqueduc romain du Gard.** —1844-46 , imprimerie Ballivet et Fabre, in-8° , de 320 pages.

Seconde livraison. — **Études sur les Eaux de Nimes et l'Aqueduc romain du Gard.** — 1846, imprimerie Ballivet et Fabre, in-8º, de la page 321 à la page 562, avec une introduction de LXXVII pages.

Troisième livraison. — **État actuel de la question des Eaux de Nimes.** — 1848, imprimerie Ballivet et Fabre, in-8º, de la page 563 à la page 854, avec un rapport sur le Concours des Eaux, de LXXII pages, et un plan de l'aqueduc romain, en deux feuilles.

Quatrième livraison. — **Marche administrative de la question des Eaux de Nimes.** — 1848, imprimerie Ballivet et Fabre, in-8º, page 855 à 1015, et une introduction, de la page 1 à la page XVIII, plus, un appendice de la page 1016 à la page 1070.

RAPPORT SUR LE PÉRIMÈTRE ET LE CLASSEMENT DES TERRAINS DU SYNDICAT DES DIGUES DU RHONE DE BEAUCARE A LA MER,

Fait à la Commission spéciale, par M. Jules Teissier-Rolland, membre, Secrétaire et Rapporteur de cette Commission.

Première partie.

Un vol. in-8º de 271 pages. — Nimes, 1848, imprimerie Ballivet et Fabre.

Seconde partie.

Un vol. in-8º de 272 pages, avec une carte.— 1848, imprimerie Ballivet et Fabre.

SOUS PRESSE :

DU SERVICE HYDRAULIQUE EN FRANCE;

DE SON IMPORTANCE ET DE SON AVENIR.

www.ingramcontent.com/pod-product-compliance
Ingram Content Group UK Ltd.
Pitfield, Milton Keynes, MK11 3LW, UK
UKHW021645170726
13836UKWH00005B/2410